历史的丰碑丛书

思想家卷

儒家文化的宗师
孔 子

于 凯 编著

吉林人民出版社

图书在版编目(CIP)数据

儒家文化的宗师——孔子 / 于凯编著 . -- 长春：
吉林人民出版社，2011.4 （2025.4 重印）
（历史的丰碑丛书）
ISBN 978-7-206-07619-0

Ⅰ.①儒… Ⅱ.①于… Ⅲ.①孔丘（前 551 ~ 前 479）
—生平事迹—青年读物②孔丘（前 551 ~ 前 479）—生平事
迹—少年读物 Ⅳ.① B222.2-49

中国版本图书馆 CIP 数据核字 (2011) 第 037602 号

儒家文化的宗师 孔子
RUJIA WENHUA DE ZONGSHI KONGZI

编　著:于　凯
责任编辑:孟广霞　　　　　　封面设计:孙浩瀚
制　　作:吉林人民出版社图文设计印务中心
吉林人民出版社出版 发行（长春市人民大街7548号　邮政编码:130022）
印　　刷:北京一鑫印务有限责任公司
开　　本:787mm×1092mm　1/16
印　　张:8　　　　　　　　字　数:72千字
标准书号:ISBN 978-7-206-07619-0
版　　次:2011年4月第1版　印　次:2025年4月第3次印刷
定　　价:35.00 元

如发现印装质量问题,影响阅读,请与出版社联系调换。

编者的话

"欲知大道，必先为史"。

回溯人类的足迹，人们首先看到的总是那些在其各自背景和时点上标志着社会高度和进步里程的伟大人物。他们是历史的丰碑，是后世之鉴。

黑格尔说："无疑，一个时代的杰出个人是特性，一般说来，就反映了这个时代的总的精神。"普希金说："跟随伟大人物的思想是一门引人入胜的科学。"

以史为鉴，面向未来。作为21世纪的继往开来者，我们觉得，在知史基础上具有宽广的知识结构、开阔的胸襟和敏锐的洞察力应是首要的素质要求，而在历史的大背景中追寻丰碑人物的思想、风范和足迹，应是知史的捷径。

考虑到现代人时间的宝贵，我们期盼以尽量精短的篇幅容纳尽量丰富的信息，展现尽量宏大的历史画卷和历史规律。为此，我们编撰了这套丛书。

编撰丛书的过程，也是纵览历代风云、伴随伟人心路、吸收历史营养的过程。沉心于书页，我们随处感受着各历史时期伟大人物所体现的推动历史进步的人类征服力量。我们随着伟人命运及事业的坎坷与辉煌而悲喜，为他们思想的深邃精湛、行为的大气脱俗而会意感慨、拍案叫绝。

然而，在思想开始远游和精神获得享受的同时，我们也随之感受到历史脚步的沉重和历史过程的曲折。社会每前进一步都是艰难的，都伴随着巨大的痛苦和付出。历史的伟大在于它最终走向进步，最终在血污中诞生了鲜活的"婴孩"。

历史有继承性和局限性，不能凭空创造。伟人也有血肉，他们的思想、行为因此注定了同样具有历史的局限性和阶级的、时代的烙印；他们的功业建立于千千万万广大人民群众伟大创造的基础上。历史是人民群众创造的，伟大的人物们是历史和时代造就的。同时，我们也无法否定此间他们个人的努力。这也正是我们编撰这套丛书的目的。

我们期盼着这套丛书得到社会的认同，对读者，特别是青少年读者之历史感、成就感和使命感的培养有所裨益。史海浩瀚，群星璀璨。我们以对广大青少年读者负责的精神，精心遴选，以助力青少年成长进步，集结出版了《历史的丰碑》系列丛书，敬请读者批评、指正。

历)史)的)丰碑丛)书)

编 委 会

策 划： 胡维革　吴铁光

　　　　 林　巍　冯子龙

主 编： 胡维革　邢万生

副主编： 贾淑文　谷艳秋

编 委： （按姓氏笔画为序）

　　　　 于二辉　刘士琳

　　　　 刘文辉　孙建军

　　　　 李艳萍　吴兰萍

　　　　 杨九屹　隋　军

2500多年前的一个中国人，他的一生对人类历史的深远影响，是很少有人能比得上的。他，就是古代伟大的思想家、教育家、儒家思想的创始人——孔子。

　　孔子名丘，字仲尼，春秋末期鲁国人。他幼年丧父，家境贫寒，一生经历了许多磨难；但他志向远大，勤奋好学，继承和吸取了优秀的文化传统，创立了儒家学说，成为古代文化的集大成者。面对当时动荡的社会现实，他提出了"仁政"的政治主张，并倾其一生努力为之奋斗，屡遭挫折而意志弥坚；他热心于平民教育，兴办私学，广收门徒，造就了大批优秀人才；他系统整理了古代的文化典籍，为中华文明的发展和传播做出了杰出贡献。他济世救民的志向，他光明磊落的人格风范，他豁达睿智的精神境界，使他以一介布衣成为中国历史上一座伟岸的文化丰碑，吸引和影响着无数的后人。

　　在人类文明的长河中，孔子，如一盏不熄的文化圣灯，闪烁着耀眼的光辉。

目　录

历史的丰碑丛书

天降大任于斯人

> 天行健，君子以自强不息。
>
> ——《易经》

　　孔子生活的时代，是春秋末期。那时的中国社会正处在一个剧烈动荡和深刻变化的时期。以前那个统一的周王朝，已经变得四分五裂了；周天子，虽然在名义上仍是"天下共主"，但他的权威早已经名存而实

亡。维护这种权威的各种政治制度，如井田制、分封制、宗法制、等级礼乐制遭到了重大破坏，旧日的安定和谐的社会秩序被此时的剧烈动荡所取代。那个时候，周天子已

经沦为可有可无的政治摆设，只有依仗大的诸侯国的扶持才能生存；各个诸侯国之间，则到处是频繁的征战和互相的兼并，一些小的诸侯国被吞没了，另一些则成为大诸侯国的附庸。到孔子时代，最初分封的1000多个诸侯国还剩了40几个，并逐渐形成了齐、秦、晋、楚等几股大的势力，它们在中原地区争做霸主，互相讨伐，在"尊王攘夷"的口号下拼命扩大自己的势力和影响，出现了"礼乐征伐自诸侯出"的混乱局面。

各诸侯国内部，更是动荡混乱，一塌糊涂。国君的地位渐渐被握有实权的卿大夫等世袭贵族所架空。

世袭的卿大夫们已经成为实际的掌权者。春秋后期，晋国有韩、赵、魏、智伯、范氏、中行等"六卿"；齐国有陈氏、崔氏；鲁国则成为孟孙、叔孙、季孙"三桓"的天下。这些卿大夫们频繁地发动政治事变，以其宗族势力侵凌君权；他们之间在政治上钩心斗角争权夺利，生活上奢侈淫逸互相攀比。以前的等级制度被严重破坏，不断出现"贱妨贵，少陵长，远间亲，新间旧，小加大，淫破义"的僭越事件，"礼崩乐坏"，社会处在无秩序的动荡和混乱之中。下层的平民百姓的日子更苦了，连年的征战破坏了他们的家园，统治者的盘剥使他们濒于破产。他们总有服不完的兵役、徭役，交不尽的租税、贡物。越来越严重的困顿使他们渴望着和平统一。历史，就这样处在一个混乱焦灼的十字路口之上，多么需要有一个人，指明一个前进的方向啊！

孔子就是在这个时候出生的。他的家乡，在东岳泰山南部的曲阜（今山东省曲阜市）。曲阜是鲁国的都城。鲁国是西周初年著名的政治家、周武王的弟弟周公旦的封地。周公旦是周王朝的开国元勋，是古代极有影响的人物，西周时期的一整套政治制度和文化制度，如分封制、宗法制、礼乐制等，都是由他亲手制定的。他的儿子伯禽来到封地创建鲁国时，带来了完整的礼乐制度和文化典籍，使鲁国继承和保留了大量的西周的文化传统，以致几百年后，人们还盛赞"周礼尽在鲁"。春秋时期，尽管鲁国处在齐、晋、楚、吴等大国中间，日子越来越难过，而且国内的政治也时

北京故宫博物院藏《孔子像》 宋·马远

孔子身着长袍，拱手而立，沉静肃穆，若有所思，神情生动。寥寥数笔，形神毕现。

有动荡，但它的深厚的文化传统却一直都存在着。这无疑为孔子的成长提供了良好的文化环境和养分。

孔子的父亲，是鲁国陬邑的宰，人称叔梁纥（或称陬叔纥、陬梁纥），是一名英勇善战的武士。叔梁纥的祖上，是商代名臣微子启的后代，武王灭纣之后，微子启被封在殷地，是宋国的开国国君。叔梁纥的祖先一直是宋国地位很高的贵族，后来，因为宋国内乱而逃难到鲁国陬邑，便在那儿定居下来。因为他的五祖是宋国名臣孔父嘉，后世便以"孔"字为姓。

孔氏到叔梁纥的时候，做了鲁国贵族孟献子的部下。鲁襄公十年（公元前563年），他随鲁国军队出征攻打一个叫偪阳（今山东省枣庄市境内）的小国。在攻城的战斗中，他以过人勇力托起偪阳人设在城门口

的悬门，救出了困在城中的鲁军，立了大功。7年后，在一次抗击齐国入侵的战斗中，他又率300士卒，坚守阵地，挫败了齐人的进攻。一时间，叔梁纥成了"以勇力闻于诸侯"的名人。

叔梁纥娶妻后生了9个女儿，后来又娶妾生了1个儿子，但却是个瘸子。虽说当时他已经60多岁了，但仍非常希望再有个像样的儿子，以便能继承自己的地位和财产，于是，便到一户姓颜的人家求婚。颜家的小女儿叫颜征在，答应了他的请求，同他结了婚。当时的人们听说后，对此事议论纷纷，他们认为年近花甲的叔梁纥娶二十几岁的颜氏为妻，而且又没有经过媒人，这在当时是不合礼的，故称他们为"野合"。

民间传说颜征在婚后不久便怀孕了。夫妇俩因为盼儿心切，便到曲阜东南的尼山上去祈祷山神，不久便生了一个男孩儿。据说这孩子头顶上有个洼，像是起伏不平的山丘，父母便给他起名叫"丘"，又因为他是叔梁纥夫妇"祷于尼山"而生的，孩子的排行又是老二，便为他取字叫"仲尼"。这个孩子，就是后来的孔子。

这一年是鲁襄公二十二年，也就是公元前551年。孔子的生日是夏历的八月二十七日。当他刚刚来到这个世界上睁开好奇的眼睛向四处张望时，他不会知道

→ 圣绩图·祷尼山图

他的人生之路究竟将是什么样子，更不会知道他要担负的历史重任将是什么；而那时的人们，也许同样没有想到这个孩子的出生将标志着中国文化史上一个崭新的时代的开始。

为立宏志求学始

苦难是人生最好的老师。

——高尔基

　　叔梁纥生孔子时，已是六七十岁的高龄了，孔子刚刚3岁，他便与世长辞了。尚值童年的孔子失去了父爱，他的母亲颜征在，带着年幼的儿子，离开了矛盾复杂的叔梁纥家，从陬邑迁到了曲阜城内一个叫阙里的地方定居了下来。

　　孤儿寡母的生活格外艰难清苦，但颜征在并没有被困难所吓倒。她是位极有见地的女子，虽然年轻丧夫，家道没落，日子过得很不顺心，但她仍旧勤苦持家，悉心教子，在儿子身上倾注了极大的希望。她常常利用各种机会对年幼的孔子加强教导，要他努力学习，刻苦磨炼，以便将来有所作为。传说颜氏在孔子尚很幼小的时候，便常买来一些礼器给他作玩具，让儿子从小便习礼知礼。在慈母的严格教导和悉心培养下，孔子很小便表现出了他异于普通孩子的独特之处。

二龙五老图 鲁襄公二十二年，庚戌十月二十一日庚子于孔子诞生之夜是夕有二龙绕室五老降庭
五老者五星之精也

→ 圣绩图·二龙五老图

他不像同龄儿童那样淘气顽皮，而是经常把祭祀时存放供品的方形、圆形的俎豆之类的礼器摆列开来，自己练习磕头、揖让等礼仪。可见，孔子的成长是与他小时候母亲的悉心教育分不开的。

家境的贫寒使孔子过早地尝到了人生的艰难。从懂事的时候起，他便帮着母亲做一些家务活；年纪稍大一些时，他迫于生计，不得不参加各种劳动，挑起了生活的重担。穷人的孩子早当家，生活的艰辛也使

少年的孔子一点点儿成熟起来。很多年后，孔子回忆起这段时光时说："吾少也贱，故多能鄙事。"意思是说，我小时候家境贫寒地位低下，所以学会了各种各样的劳动技能。这种经历对孔子的一生都有着深刻的影响，为他的成长提供了一个接受磨炼的机会。孔子的一生，常常得益于这段"吾少也贱"的艰苦生活的磨炼。

少年的孔子便心怀大志，要使自己成为一个社会

← 圣绩图·为儿戏图

→国家博物馆北广场的孔子像

的栋梁之材。用他自己的话说，就是"吾十有五而志于学"。所以，尽管生活清苦、家境贫寒，他仍利用一切机会如饥似渴地寻求着知识。他白天干活，晚上回到家里刻苦攻读；他经常参加城内举行的各种大型的礼仪活动，在一旁细心地观察和揣摩；他勤奋刻苦，不耻下问，努力从生活中汲取文化和知识的营养。一有机会进入鲁国的太庙，总爱不停地问这问那。有人轻视地评价他说："谁说陬叔纥的这个儿子懂礼呀？看他进了太庙，什么都问，他能懂什么呢？"孔子回答说："不懂就问，这正是知礼的表现啊！"正是依靠这种好学不倦的精神和过人的毅力，孔子才掌握了越来越多的知识。

　　然而，过度的操劳和清苦的生活，大大损害了孔母颜氏的身体，使她才三十几岁便垮了下来。孔子16岁左右，他的母亲也撒手西去了。母亲的辞世使孔子成了一个真正的孤儿。日子更苦更艰难了，他不得不

依靠自己的力量去独立谋生。现实逼迫他必须找到一
种能挣钱糊口的工作，他先是为人当"委吏"，替别人
管理仓库；后又为人作"乘田"，替别人管理牛羊。这
些工作，都是当时的贵族子弟所不屑于做的"鄙事"，
但孔子却把仓库理得清清楚楚，将牛羊管得肥肥壮壮，
竭力做好自己分内的工作。一有闲暇，便更加刻苦勤
奋地自学。所以，虽然他没有受过当时的正式教育，
但还是以坚忍的毅力和刻苦的精神掌握了大量的知识，

← 圣绩图·为委吏图

一 孔府碑林

很快，便成为当地小有名气的人物。再加上孔子为人谦恭知礼，行事谨慎细心，年纪不大，便在当时的许多人心目中，包括一些贵族中留下了良好的印象。

母亲去世后不久，有一件事，对孔子造成了很大的刺激。

那是鲁昭公七年（公元前535年），鲁国的执政贵族季武子举办了一次大型的宴会，用来招待国内各地的士人们。士在当时是一个重要的社会阶层，包括大批贵族下层人物，也包括一些受过一定程度的教育，而且学有专长的优秀的平民子弟。季武子宴请士，一方面是为了讨好士阶层的人们，求得他们对自己的支持，以巩固自己的政治地位；另一方面，他也想趁机从中为自己选拔一些有用的人才。当时孔子丧母不久，孝服未除。他以为自己的父亲叔梁纥是陬邑的大夫，又立过战功，曾以"勇力闻于诸侯"，自己作为他的儿子，按出身也当属士这一阶层；再有他自幼受母家教，又刻苦好学，熟悉各种礼仪，也算是有用的人才。所以，听到消息后，他便欣然与人同往。

走到季武子家门口时，孔子被季武子的一个名叫阳虎的家臣拦在了门外。阳虎以傲慢的口气呵斥孔子道：

"季家宴请的是士，谁宴请你呢？"

孔子无奈，只好忍怒悄悄退了下来。阳虎这样做，

→ 孔庙『至圣庙』牌坊

无疑是对涉世未深的孔子的一种故意羞辱，也是对踌躇满志的少年孔子的一次打击。这件事，使孔子深切地认识到：父亲的身世并不能给自己增添荣耀，自己前面的路并不会一帆风顺，唯一的出路，只能凭自己的努力去闯荡和争取了。在这种强烈的刺激下，少年的孔子暗下决心，一定要以自己的努力进取去实现自己的宏伟志向，谋求一条能够真正济世救民的人生道路。

就这样，出身贫贱的少年孔子，在生活的困苦和磨难中成长起来，开始了对于人生道路的更加自觉的追求。

苦 觅真知济苍生

路漫漫其修远兮，吾将上下而求索。

——屈 原

鲁昭公九年（公元前533年），孔子19岁。这一年里，他娶了宋人亓官氏为妻。第二年，有了一个儿子。这标志着孔子已正式步入了成年人的行列。他一面继续为别人做"委吏"和"乘田"，以养家谋生；一面以更为自觉刻苦的态度开始了他人生大道的追寻过程。

青少年时生活的困苦艰难，使孔子有机会接触了更多的社会真实，看到了下层人民的生活状况，随着年龄和阅历的增长，他已不再热衷于对个人幸福生活和荣华富贵的追求了，而是更自觉地将自己的志向同国家的命运，同人民的生活和时代的责任紧紧连在一起，致力于寻找一条济世救民平定天下的大道。孔子越来越感到自己肩头责任的重大，因而求学的动力也愈加强烈了。

那个时代，一个人要想成就一番事业，首先必须

→ 圣绩图·昭公赐鲤图

掌握的就是礼、乐、射、御、书、数6门基本技艺。
孔子对此非常清楚，从少年时代便致力于"六艺"的
学习，成年后，更是对此孜孜以求，精益求精。

"六艺"当中，以礼最为重要，也最难掌握。它包
括当时政治生活的典章、制度和礼节，既是当时人们
的社会行为规范，更是一个人改革社会参与政治的必
备的基本技能。少年孔子很早便以知礼而闻名乡里了。
现在，他则更广泛地阅读大量的古代典制文献，对此

进行更为深入的探讨和研究，逐步做到了能够从理论上把握礼的实质和内容。

乐，是六艺的另一项重要内容，在当时，礼乐是一个不可分割的整体，只有对乐有了深厚的造诣，才能明白不同的礼节中对乐的不同要求，才能做到完全知礼。孔子少年便开始学琴，长大后，又跟随鲁国著名的乐师师襄子学乐。孔子在学习的过程中对自己要求极严。有一次，他跟师襄子学琴。学了10天，师襄

← 圣绩图·学琴师襄图

子说："可以学新的了。"

孔子说："我只是学会了曲子，拍子还把握不准呢。"

又学了一段时间，师襄子说："拍子学好了，可以学新的了。"

孔子说："不行，我还要体会曲子的主题呢。"

过了一段时间，师襄子说："主题你已经掌握住了，可以学新的了吧？"

孔子还不同意，他说："不行，我对曲作者的了解还不够深刻呢。"

于是，又过了一些时候，孔子才感叹道："现在我终于仔细想透了，原来这曲子的作者是一个思想深邃，性情乐观而又目光远大的人。这个人，恐怕是周文王吧？除了他，还有谁能谱出这么好的曲子呢？"

师襄子听了，又惊讶又佩服，急忙站起来对着孔子连连作揖，说："我老师教我这曲子时，正是说这曲子叫作《文王操》呀！"

正因为孔子的这种善于举一反三、融会贯通的能力和学习态度，使他不仅很快掌握了有关的知识，而且对乐的理解也达到了一个极高深的境界。但孔子并不以此为自足，几年以后他到齐国时，与齐国的乐师谈起了音乐，听到了《韶》乐，便欣然学之，以至于

圣绩图·在齐闻韶图

在齐闻韶图 鲁昭公二十六年（公元前516年）孔子三十六岁季平子与郈昭伯以斗鸡故得罪昭公昭公率师击平子平子与孟孙氏叔孙氏三家共攻昭公师败奔齐孔子适齐为高昭子家臣与齐太师语乐闻韶音学之三月不知肉味

连着3个月不知道肉味，可见他对学问的渴求到了何等痴迷的程度。

六艺当中的射和御，则是当时必修的两门军事体育科目，射就是射箭，御则是驾车。孔子的这两门技艺也有很高的造诣，史书上载，有一次他在一个叫"矍相之圃"的地方习射，精湛的技艺引来了众多的围观者，以至于"观者如堵墙"。至于书、数，则是关于文字和计算的两门技能，更是孔子的拿手技术了。

随着年龄增长和知识面的扩大，孔子已不满足于一般贵族子弟所学的"六艺"的内容了。他进而去更广泛地阅读《诗》《书》《易》等各门专门的学问。对于孔子来说，要济世救民，必须全面掌握各种知识。他把一切有学问的人都当作自己的老师。人们说他"没有固定的老师"，他自己也说："三人行，必有我师焉，择其善者而从之，其不善者而改之。"他的广博的学问和深刻的思想，正是以这种虚心的态度学习来的。

作为一个胸有大志的青年，孔子知道，要真正探求救国救民的真理，还必须深入到社会生活中去，认真调查研究，不仅要把握社会现实的各个方面，还要了解历史的发展变化。基于此，他经常到各地去考察和寻访。为了研究夏、商两代的历史文化，他曾先后到夏后裔的封地杞国和商人的后裔封地宋国去实地寻访，从而掌握了夏、商这两个朝代的制度和历史。

然而，孔子心中最为向往的地方，还是周王朝的京都雒邑。那儿是周天子住的地方，曾经是全国的经济文化中心，保存有王室搜罗的大量的珍贵的历史文物和文化典籍，还聚积着一大批知识渊博、声望颇高的大学者们。如果能到雒邑去进行一番访问，该是件多么好的事情。孔子多年以来，对此一直日思夜想，念念不忘。但是，曲阜去雒邑足有千里之遥，路远道艰，他一直找不到合适的机会。

直到孔子快30岁的时候，才盼来了一个难得的机会。鲁国贵族孟僖子临终前让他的两个儿子拜孔子为师学习"礼"，他们听说孔子有这个愿望后，便向鲁昭公建议，为孔子提供资助的条件，孔子才得以启程上路。

到了雒邑后，孔子参观了城内外的文物古迹，登明堂，入历、穆庙，广泛收集有关的知识。雒邑丰富的文化内容让孔子大开眼界。更为重要的是，他结识了一批极有学问的学者。他向当时的著名音乐理论家和博物家、大夫苌弘虚心求教，同他探讨音乐歌舞方面的理论，受到了苌弘的大力称赞。

雒邑之行最大的收获，是见到了当时最伟大的思

想家老子。老子是周王室的守藏史，专门负责掌管各种重要的文物典籍。他是一位学问渊博、思想深邃的年高德勋的长者。是道家学说的创始人，主张"清静无为"和"以弱胜刚"。孔子对老子的学识一直十分景仰，这次到了雒邑，专程去向他求教。老子十分热情

→ 孔子塑像

地接待了孔子，并为孔子提供了很大的方便，让孔子研读了周王室收藏的珍贵典籍。他们还专门长谈，交流彼此的思想。孔子对老子的深刻思想极为佩服。虽说他并不赞同老子主张的消极无为退而自保的人生观，但仍从老子那儿得到了许多智慧的启发。

孔子临走时，老子为他送行，特地叮嘱孔子说："我听说，送人远行，有钱的人送人钱财，没钱的人送人言语。我不是有钱的人，那就冒充有德的人，送你几句话吧。你学古人的东西，固然很好，但不要对古人的东西生搬硬套；会做买卖的人不先摆货物；有学问的人不会随时卖弄。一个人聪明智慧却招致杀身之祸，是因为他喜欢随便评议别人；一个人见解深刻善于言谈却引来危险，是因为他总爱揭别人的短处。所以，你要注意啊，做事千万可别过分，不要现出娇气，不要过于任性，更不能趾高气扬地摆架子。你一定要切记这些。"

一席话，语重心长，令孔子感动万分。回到鲁国后，他对别人说："我知道天上的鸟会飞，水里的鱼能游，地上的走兽善跑。会飞的可以用箭射，会游的可以用钩钓，会跑的可以张网捉。可是天上的龙，我却不知它是怎么自由自在地乘风上天的。如今我见到了老子，就像见到了天上的龙，实在是太玄妙太高超

→圣绩图·问礼老聃图

问礼老聃图 鲁昭公二十四年岁次甲子孔子年三十四岁与南宫敬叔适周见老聃而问礼焉老聃曰子所言其人与骨皆已朽矣独其言在耳且君子得其时则驾不得其时则蓬累而行吾闻之良贾深藏若虚君子盛德容貌若愚去子之骄气与多欲态色与淫志皆无益于子之身吾所以告子者若是而已

了。"

游学雒邑是孔子求道过程中的重大收获，也是他思想发展的一次飞跃。他不仅在雒邑系统广泛地学习了当时的珍贵的文献知识，而且在同苌弘、老子他们的交往中，学到了深刻的智慧和思想，他对人生、对社会、对世界的看法渐渐明晰起来了，多年以来孜孜以求的东西开始融为一个整体。其时的孔子正值30岁左右，已经成长为一个"博于诗书，察于礼乐，详于万物"的大学者了。后来他谈到的"三十而立"便是指这个时期的事情。

孔子"三十而立"的内容，是指自己在30岁左右终于确立了明确的人生观和世界观。用他自己的话说，便是："我的志向是追求济世救民的'大道'，这个'道'是以'德'为基础，以'仁'为内容的，而这一切又都体现在'六艺'当中。"在从"十五志于学"到"三十而立"的求道过程中，一直渗透着3个方面的影响：贫贱的青少年经历使他学会了直面困境和自强不

← 圣绩图·铭金人图

息；对文化传统的吸收和继承使他奠定了思想的根基；而他生活时代的社会现实又促使他改革一切不合理的东西，从而建立一个新的美好的社会。与老子主张的消极避世相反，他主张积极投身于广阔的社会生活中去，要"入世"，在改造社会的过程中实现自己的理想，从而体现出自己的人生价值。

在孔子的心目中，他对周公旦"制礼作乐"确定的文化传统有一种天然的亲切感和偏爱，他认为，要在当时的"礼崩乐坏"的动荡社会中建立秩序和安定，必须继承前代的传统并有所"损益"。他赞叹说："周监于二代，郁郁乎文哉，吾从周。"正是基于此，他提出了自己的思想和主张。

孔子认为，治理国家，最重要的一个方面，就是要实行"仁政"，要体察下层百姓的生活疾苦，要"节用以爱民"。他主张统治者以"德"治国，要像北斗星那样，自己不妄动而众星环绕运行。他尤其不主张用严刑峻法来治理国家，而主张以道德礼仪来教化百姓，这样才能使百姓的言行都合于正道。这对于改善当时下层百姓的生活处境，无疑是有一些积极意义的。

要做到这一点，进而则要求为政者注重自己的自身修养。而孔子认为人格修养的最高境界是"仁"，他以"仁"的标准来衡量人的行为善恶和是非曲直。这

是孔子思想的核心。他所主张的"仁"的原则主要有两点，一是"仁者，爱人"；二是"己所不欲，勿施于人"，也就是说，要尊重人，要爱人，不要随意干涉人的行为侵犯别人的利益，自己不喜欢的东西，不要强加给别人。要达到"仁"的境界，则要在自我品德修养上下功夫。要"克己复礼"；以"礼"的标准去行事，才能做到"仁"所要求的那样的人生。"仁"的思想的提出，是古代中国文化中闪光的一面，也是对个人的价值和尊严的某种程度的肯定，是对鬼神天命观念的有力否定。在历史上，第一次明确地突出了"人"的地位，是孔子对人类思想的巨大贡献。

"仁"的表现形式，是"礼"。针对当时"礼崩乐坏"的混乱局面，孔子痛心于因为僭越和违背"礼"而产生的丑恶和动荡，极力主张恢复西周文化传统的

礼制，从而做到君臣父子各守其礼，严格遵守礼所规定的各种等级秩序。从这个观点出发，他对当时出现的以下犯上、恃强凌弱、仗势逆理的行为进行了坚决的批判。有一次，当他听说鲁国的季武子在自己家里，让人用"八佾"的规模演出舞蹈时，便感到格外气愤，因为"八佾"是只有周天子才能有权使用的，季氏作为一个侯国的大夫这样做法，无疑是对礼制的僭越和破坏。他说："如果这样的事都可以容忍的话，那还有什么不可容忍的事呢！"由此可见，他对于违礼的行为是多么地深恶痛绝。

在具体的处世原则上，孔子认为既不要"不及"，也不要"过分"，要做得恰到好处。有一次，他在鲁桓公的庙里看到了一件上下尖中间鼓的青铜容器斜挂在

→先师手植桧

一边，便问守庙人，守庙人告诉他这种容器叫作欹器，如果里面空着就会倾斜，如果装水过满就会翻过来，只有装上一半水，才能保持平衡和稳定。孔子恍然大悟，感叹道："世间中的事物也与此同一个道理呀！千万不要过犹不及呀！"反映了他倡导的"中庸"的处世原则。

孔子的这些思想，在当时有很大的进步意义。但在那个动荡不安的乱世时期，又必然与剧变的社会现实有着尖锐的冲突，这种冲突，注定了他的不合时宜，也注定了他一生必然要历尽坎坷与挫折。

孔子说过："聪明的人，不会为假象所迷惑；仁德的人，不会有什么忧愁；勇敢的人，是没有什么可以畏惧的。"处在而立之年的他，正值一生里风华正茂的好时光，以一种乐观向上的精神生活着，踌躇满志地期待着入世的机会，好让他施展抱负，实现拯救苍生、济世经邦的远大志向。

但得明主识美玉

不义而富且贵，于我如浮云。

——孔 子

孔子对自己的信仰，始终抱着极为坚定的信心。"而立"之后，他便开始投身于社会生活中，寻找步入仕途的机会，好使自己参与政治，将自己的理想付诸实践。他曾经满怀信心地说："如果有人要我主持国家政事，我在一年内便可以初见成效，三年就能达到天下大治的成果。"从这个时候起，他一面广收门徒，投

身于平民教育，在学生中传播自己的思想；一面开始寻找可以实现自己政治抱负的机会。

孔子35岁那年，也就是鲁昭公25年（公元前517年），鲁国发生了一次大的内乱。这次内乱是因为斗鸡事件而引起的。鲁国的权臣季武子同贵族郈昭公因为斗鸡的事发生了争执，双方互相指责，各不相让，季武子便仗势强占了郈氏的住宅。郈氏对鲁昭公诉苦。鲁昭公此时正为自己大权旁落而苦恼，想借机消除季氏的势力，便暗地里联络了一些对季氏不满的贵族，起兵攻打季氏。但季氏却得到了"三桓"的另外两家贵族孟孙氏和叔孙氏的援助，击溃了昭公的军队。昭公被迫出逃齐国，流落异邦。鲁国的大权彻底落到了季孙氏手中。

国君被逐出境，是当时的一件大事，使孔子对鲁国的政局极为失望。他的教育活动也受到了冲击，几乎无法再在鲁国维持了。于是，孔子离开鲁国，转向齐国另谋出路。

途经泰山脚下的时候，孔子遇到了一个年轻的妇人，在路旁痛哭，便停下来关切地询问缘由。妇人告诉他说："我们家世代住在这儿。从前我的公公被猛虎吃了，后来我的丈夫又被猛虎吃了，现在，我儿子又落入猛虎口里丧生，我太伤心了，所以才在这儿痛哭。"

孔子听后，问她："那你为什么不搬家离开这儿呢?"

妇人说："这儿虽有猛虎伤人，却没有官府的苛捐杂税害人，你让我搬到哪儿去呢?"

孔子长叹说："唉，我今天才明白，原来苛政比老虎要凶猛得多呀!"他因之更迫切地感到，要实现自己的"仁政"的政治主张，是一件多么刻不容缓的事情。

到了齐国之后，孔子通过齐国贵族高昭子的引荐，见到了齐君齐景公，希望能因此得到重用，在齐国施展自己的政治才华。

景公对孔子的博学多识早有所闻，所以他经常与孔子谈论一些问题，询问孔子怎样才能治理好国家。孔子回答说："为君的要守君道，为臣的要守臣道，为父的要守父道，为子的要守孝道。"齐景公闻言，赞叹道："你说得好呀！如果不是这样，我这国君也当不成的。"不久，景公又问孔子这个问题，孔子看到齐国统治者生活奢侈无度，便回答说："关键要注意在财政上有所节制。"景公认为孔子说得有理，为他的深刻的治国之道所折服，准备将尼谿之田封给孔子，留孔子在齐国做官。但齐相晏婴却不同意，他是位讲究实效的政治家，认为孔子的主张多半是迂阔而不实用的，而且会扰乱齐国的政令风俗。齐景公最后听了晏婴的话，

← 圣绩图·晏婴阻封图

打消了任用孔子的念头。

孔子在齐国待了两年的时间，却一直无法施展自己的才华，他感到很沮丧。有一天，齐景公对孔子说："我年纪大了，无法用你了呀！"这实际上是对孔子下了逐客令。孔子感到一刻也无法再在这儿待下去了，回到住处，急匆匆地带着弟子们踏上了回国的路程。因为走得太急，淘好的米没等下锅又只得把它们放在袋子里空干，以至于米汤淅淅沥沥地流了一路。

此时的鲁国，已变得越来越混乱了。"三桓"与其他世卿大夫忙于争权夺势的斗争，无暇顾及自己封地内的事务，他们的家臣便逐渐控制了家政，出现了"大夫专国、士专邑"的局面。特别是季孙氏的家臣阳虎，甚至控制了鲁国的政治大权。他把国君和卿大夫们都当作自己手中的玩物，在国内为所欲为，将政局搞得乌烟瘴气。

自齐归鲁，是孔子求仕路上的第一次重大挫折。回到国内，又看到如此糟糕的局面，孔子内心痛苦极了。他是一个将信仰和原则看得高于一切的人，但又是一个积极主张参与社会的人。他曾说过："危邦不入，乱邦不居；天下有道则见，无道则隐。"但又不忍心在国家危机时放弃自己的道义和责任。他希望能有机会施展自己的政治抱负，却又不愿与那些"斗筲之

退俏袞书圈·鲁定公元年壬辰孔子年四十三岁季氏强僭阳货不仕遂而偹诗书礼乐弟子弥众

人"同流合污。他不愿因为个人的仕途和自身显贵而不顾廉耻、不择手段。他说过："不义而富且贵，于我如浮云哉。"但在内心深处，他又为这种矛盾而困惑不安，焦灼难耐，处于极度的精神痛苦之中。

更有许多外界的诱惑接踵而至。季氏的费邑大夫公山不狃当时正打着"张公室"的旗号网络人才，图谋叛乱。派人去请孔子，孔子差一点便应召而去了，多亏了学生子路的阻挡。子路对孔子说："实在没有去的地方，那就算了，为何一定要到公山不狃那儿去

呢。"孔子答道："请我的那个人，不会白请的。如果真有人能任用我，我是要在东方复兴文王武王周公他们的事业呢。"话虽这么说，孔子到底还是没有去成。果然没过多久，公山不狃便暴露了他真实的面目。

鲁国掌权的阳虎也极力地拉拢孔子。他几次表示要见孔子一面，但孔子对阳虎的作为非常鄙薄，可又不敢得罪他，只好躲着不去见他。

阳虎知道孔子在躲他，便趁孔子不在家时，派人给孔子送去了一头蒸熟的小猪做礼物。按照当时的礼节，大夫赐礼给士，而士又没能亲自受礼，事后是应该到大夫家去拜谢的，否则便是失礼。阳虎虽是家臣，但他执掌国政，地位便相当于大夫。按礼孔子是该前去致谢的。可孔子又实在不想见到阳虎，于是便想了个主意，在阳虎外出时去他家拜谢，从而避免与他见面。

事偏凑巧，在回来的路上孔子与阳虎走个碰头。这一下，他只好硬着头皮上前拜见。

阳虎很傲慢地对孔子说："你过来，我有话要对你讲。"

孔子不答。阳虎又说："自己有德有才，却听任国事迷茫，这样的人能算是有仁德的人吗?"顿了一顿后，他接口道："怕不能吧！自己很想出仕，却又屡失

时机，这样的人能算有智慧的人吗？怕不能算吧？时光一天天过去，岁月是不会等人的呀！"

孔子这才说："我迟早是打算出仕了。"

话虽这么说，孔子仍然不想为了个人功名利禄而不顾道义，只能耐心地等待时机。

孔子回到家里，想起同阳虎见面时的情景，想起自己从30岁起便四处寻找被任用的机会，眼见快要50岁了还没有着落，再想想鲁国的混乱政局和自己欲走

→ 圣绩图·击磬图

不忍欲进不能的处境，心情很不好。他的学生子贡很理解老师此时此刻的心境，见孔子闷闷不乐的样子，就问孔子：

"这儿有一块美玉，是把它放到破匣子里藏起来呢，还是找一个识货的人卖给他呢？"

孔子对子贡的话，心领神会，就回答说：

"卖吧，卖吧！我在等那个识货的人哪。"

可是，孔子心目中那个"识货的人"，又在哪儿呢？

一腔壮志图报国

士不可以不弘毅，任重而道远。

——曾 参

在等待"识货者"的漫长日子里，孔子将主要的精力放到了教育上面，他不倦地培养和指导弟子们，向他们传授知识和思想，为社会培养了大批的栋梁之材；但他毕竟希望在自己的有生之年，得到施展远大抱负的机会。

←孔府建筑中著名的『钩心斗角』

这样的机会，一直到孔子年将50的时候，才姗姗来迟。

在鲁国，长期以来不断激化的季桓子和他的家臣阳虎的矛盾，渐渐达到了白热化的程度。阳虎的权势不断膨胀，进而决心除掉季武子和孟孙、叔孙两家，消灭鲁大夫的势力，由自己取而代之。鲁定公八年十月（公元前502年），他联合一批对季氏不满的人，阴谋暗杀季武子。事情败露之后，他索性劫持了鲁定公、叔孙武叔，和一些重要的宫中宝器，率兵攻打季武子和孟孙氏。但很快，阳虎便被"三桓"联合发兵打败，率领残兵败将逃往齐国，后来又逃到宋国，最后投靠了晋国大夫赵简子。

阳虎被灭，使鲁国消除了一大祸患，鲁国上下都为之兴奋，孔子更是拍手称快。这次事变后，季孙氏受到了很大的震动，他深感家臣问题的棘手和鲁国生存的艰难，决定选拔一批有真才实学的人参政。孔子在鲁国很早便深孚众望了，因而也被选了进去。

鲁定公九年（公元前501年），孔子51岁，被任命为中都（今山东省汶上县西）之宰。中都是鲁国的公邑。这个职位虽说不高，但毕竟是孔子有生以来首次出仕任职。他上任后，采取了一系列措施来治理地方，不出一年，中都就出现了百姓安居、路不拾遗、夜不

闭户的太平景象，成了其他各地竞相学习的样板。孔子也因之而名声大增。

鲁定公知晓后，非常高兴，问孔子："把你的办法拿来治理鲁国怎么样呢？"

孔子非常自信地回答道："我的本领可以治理天下，当然可以治理鲁国了。"

于是，定公任命孔子为鲁国的小司空，负责管理国内的土木工程建筑，孔子把工作做得井井有条，时间不久，便又被提升为鲁国的大司寇。

大司寇是当时掌管国家司法、刑狱和社会治安的最高长官，爵位为大夫。布衣出身的孔子终于实现了他多年的愿望，进入了国家政权的核心。他决心为改

变鲁国的现状，为自己的"仁政"理想而放手大干一场。

　　大司寇的首要工作是处理国内各种案件。孔子不像当时有些人那样，凭自己主观猜测，武断地乱下结论，而是注重调查，倾听各方意见，周密考虑，斟酌众议之后才做出决定，得到了人们的好评和支持。他对自己严格要求，做官后仍旧保持着谦逊淳朴的为人态度，从不因地位改变就目中无人；但当他在朝中讨论国事时，又能大胆慎重地发表政见。他对下属和颜悦色，对权贵却从不曲言俯从。国家的政事，他总是认真去办，不论事情大小，都从不耽搁拖延。这些，

都反映了孔子清廉的为政态度和高尚的品格修养。

孔子上任后不久，齐鲁两国国君商定，在齐国夹谷（今山东省莱芜境内）举行一次会晤。这是一次很重大的外交活动。齐国希望借机将鲁国拉到自己这边，以便抗衡晋楚；而鲁国，则期待以此缓和两国的紧张关系，并乘机讨还几年前被齐国强占的土地。两国对此事都高度重视。

按惯例，这类活动的傧相应该是由卿担任的。但鲁定公考虑到孔子熟悉礼仪，又曾在十几年前见过齐景公的面，对齐国的情况较为熟悉。便破例让孔子担任这次活动的傧相。

孔子受命之后，感到肩上责任重大，他对会晤进行了周密的布置和准备，派遣鲁国左右司马率军随行，以防不测。

齐景公听说孔子陪同鲁君前来，非常头痛，便向臣下问计。大夫黎弥说："孔丘只不过是个知礼而无勇的人，要是我们让莱人以兵劫持了鲁侯，准能达到我们的目的。"景公依计而行，在两国国君见礼完毕后，便安排人演奏四方之乐来为两君助兴。转眼间，一群手执各种兵器的莱人便舞蹈着涌到了台前。场上气氛顿时紧张。

孔子见势不妙，也顾不得按平时的规矩稳步上台

→ 圣绩图·齐鲁会夹谷图

了，他一下子跃上台阶，一面行礼，一面责问齐景公道："在两国国君会晤的如此隆重的场合，为什么把野蛮人的舞蹈带到了这儿？请您让人撤下去！"景公自知礼亏，只好挥手示意，让人撤下了莱人。齐国的第一个阴谋破产了。

不料，过了一会，齐国的傧相又请求景公演奏齐国的宫中之乐来助兴。景公允诺，一转眼，一群形态各异的小丑侏儒乱哄哄地来到台前。在当时，如此隆重的场合是不能出现这种事情的，因为这就意味着对对方的污辱。孔子大怒，又一次跨上台阶，大声质问：

"这些迷惑国君的小丑们难道不该杀掉吗？请您吩咐负责的人处置他们！"

齐景公无奈，只好下令杀掉了那群侏儒小丑。齐国的阴谋又一次落空。但齐人还不甘心，又企图在盟约上要花招。签约时，不经鲁人同意，便写道："齐国出兵鲁国要派300辆兵车从行，如果违反，就是负约。"孔子便针锋相对地写道："齐国应该把汶阳的土地归还鲁国，我们才能听从命令。如果违反，那也是负约。"

夹谷之会便这样匆匆结束了。会后齐国只得将以前侵吞的鲁国的土地归还鲁国。在这次会盟上，孔子以自己的大智大勇、临危不惧，挺身而出又随机应变，以礼为武器挫败了齐国的阴谋，保全了弱小的鲁国的利益。充分显示了他作为政治家的过人胆略和外交家的杰出才能，进一步得到了鲁定公和季孙氏的赏识，提高了自己的政治威望。鲁定公为了表彰孔子的功劳，特意在齐人归还的土地上筑了一座城，取名为"谢城"，对孔子在夹谷之会上的重大贡献表示感激。

回国后不久，孔子便以司寇之职代摄相事，管理鲁国的最高行政事务。鲁定公希望借孔子之力来整顿

→北京孔庙『先师孔子行教像』

鲁国公室衰微、大权旁落的局面。孔子认为施行自己政治主张的时机成熟了，便决定从整顿筑城割据的家臣着手，逐步实现自己的理想。

这时候，孔子同鲁国的掌权大夫季桓子的关系也处在"蜜月"时期，季氏对孔子入仕以来的表现很满意，加上他自己也对家臣叛乱极为头痛，正想趁机整顿一番，见孔子主张打击割据的家臣势力，便也表现了赞许之意。

孔子对定公提出了一个大胆的计划：拆毁世卿大夫们封邑的城墙，以防止家臣们借险拥兵自重。主要的打击目标，是孟孙氏的封邑郕城（今山东省宁阳县），叔孙氏的封邑郈城（今山东省东平县）和季孙氏的封邑费城（今山东省费县）。

← 圣绩图·堕三都图

　　鲁定公十二年（公元前498年）夏天，"堕三都"的行动开始了。

　　第一个目标，是叔孙氏的郈邑。因为郈邑刚发生了家臣侯犯的叛乱事件，叔孙氏对此心有余悸，所以没费多大的力便拆除了郈邑的城墙。接着，又转向季孙氏的费邑。费邑宰公山不狃是个颇有野心的人物，他一直在待机摆脱季孙氏的控制，费邑将堕，他赖以割据的屏障便不存在了。于是，他索性先下手为强，率兵对曲阜发动突袭。鲁定公和"三桓"对此毫无防备，只好躲进季家的高台上。费人攻入季家，围住台子，不断向上射箭。在这千钧一发之际，孔子率军赶到，他指挥军队冲下台来并从后面包抄费人，冲破了

→孔林

他们的阵脚。费人大败，在姑蔑地方被公室军队击溃，公山不狃狼狈逃往齐国，费邑的城墙也终于被拆除了。

最后，只剩下孟孙氏的郕邑了。郕邑的宰公敛处父不愿看着自己经营多年的郕邑被拆，便对孟孙氏说："如果拆了郕邑，齐人一定会从北方打过来的，而且郕是孟氏的根据地，郕邑一拆，孟氏也要消亡的。您装着不知道此事就成，我自有办法对付。"孟孙氏的家政比另外两家要稳定得多，他对"堕三都"本来就不很积极，郕宰又是他的心腹，再加上他看到郈、费被堕后，季孙、叔孙两家实力大受损失，心里很不情愿，便采取了阳奉阴违的办法拖着不动。这时候，季孙、叔孙两家也意识到了"堕三都"对他们自身是不利的，便也默许了孟孙氏的做法。这件事，便从夏天一直拖到了冬天，郕邑依然一丝未动。孔子无奈，只好派公室军队去拆城，又遭到了公敛处父的恃城顽抗。公室军久攻不下，只好撤退。堕郕的计划便这样流产了。

"堕三都"是孔子上任后采取的最大的改革措施。他本来希望以此为开端，采取一系列改革，改变鲁国公室衰微、"三桓"专权、家臣横行的混乱局面，却没有料到因为孟孙氏从中作梗而失败了。而且，孔子在这个问题上也得罪了季孙氏，使他们之间的矛盾凸现了出来，他同季氏的那种"三月不违"的蜜月期结束

了。孔子的日子，便越发地难过了。

就在此时，孔子学生中有位叫公伯寮的，偷偷到季氏面前大讲子路的坏话。子路是孔子最心爱的学生之一，当时正任季氏的家宰，公伯寮这样做，实际上是在拆孔子的台。孔子知道后非常气愤，但没有对公伯寮采取处罚。不久，子路便被季氏解职了。这等于对孔子的间接的警告，说明季氏对他已不再信任了。

孔子任大司寇已经4年了，鲁国的局面有了很大

→ 圣绩图·齐人归女乐图

的改观,受到了国人的称赞,也引起了其他国家的惊恐。特别是齐国,夹谷之会上被孔子弄得丢了面子,正在寻机报复;更害怕孔子治理鲁国强大后对它造成威胁。所以,他们便决定采取离间手段,破坏孔子的改革计划。他们听说,鲁定公和季孙氏都是喜欢享乐和奢华的人,便从国内挑选了几十名能歌善舞的美女,又选了100多匹骏马,披上华丽的锦缎,派人送往鲁国。

齐国的女乐到了鲁国之后,果然让鲁定公和季桓子大为高兴,他们整天沉溺于其中,连国家的政事也不管不问了。

这件事让孔子非常伤心。他一向反对这种骄奢淫逸的生活行为,但他还对鲁定公和季恒子心存一线希望,期待他们能有所醒悟。可是,不久他便彻底失望了。鲁国举行郊祀大祭之后,鲁定公甚至连祭肉也没有按规定分给孔子一份。孔子知道自己的远大志向,在鲁国是难以实现了,而且形势也越发对自己不利了。他对鲁国彻底失去了信心,便决定当机立断,去别的国家另寻出路。

鲁定公十三年的春天,54岁的孔子,带着一部分学生,满怀悲凉凄楚的心情,再一次离开了他的父母之邦,从而开始了他长达14年之久的颠沛流离的生涯。

鲁国的乐师师己听说孔子走了，便赶去送别。他追上孔子，惋惜地对他说："先生，您没有错，这件事不能怪您的。"

孔子良久无言，

圣绩图·去鲁图

最后长叹一声，对师己说："让我来唱支歌吧。"

于是，师己和弟子们听见一个苍凉悲壮的声音在北方平原的春天的上空响了起来：

那些妖艳的妇人啊，

使得我只好远奔他乡；

那些妇人的靡靡之音啊，

让我的祖国陷于消亡；

我只好一路漂泊下去呀，

来度过自己剩下的时光……

孤旅践断天涯路

君子固穷，小人穷斯滥矣。

——孔　子

孔子出游列国的第一站，是位于河南濮阳一带的卫国。卫国的封君卫康叔，是周公旦的弟弟，鲁卫两国是"兄弟之邦"，关系上较密切；卫国当时的国君是卫灵公，他在位已经38年了，国内局势较稳定，再加上子路的妻兄颜庚又是卫灵公的近臣，孔子弟子中也有许多是卫人，所以，孔子觉得，也许在卫国能够得到任用，实现自己在鲁国未能完成的大业。

一路上，孔

← 孔子青铜像

子看到沿途土地肥沃、人烟稠密，一派春天生机勃勃的景象，禁不住随口赞叹道：

"这儿的人烟真稠密呀!"

驾车的弟子冉有听到后，转身问自己的老师：

"人口既已经多了，下一步又该怎么办呢?"

孔子说："那就让他们富起来吧!"

冉有又问孔子："富了之后，又该怎么办呢?"

孔子说："那就该教育他们了。"

弟子们听着这一问一答，再看看老师虽遇挫折却依然痴心不改的乐观和坚定，不由心内油然而起一种敬仰之情。

卫灵公听说著名的孔子来到他的国家，很快便召见了孔子，并依孔子在鲁国的标准，给孔子每年6万斗粮食作俸禄，但他并不准备起用孔子，因此也没有让孔子担任具体的职务。

→孔庙大成殿前台阶上的浮雕

孔子一行便这样在卫国安顿了下来。这之后不久，卫国的大夫公叔成密谋发动反对卫灵公的叛乱，事情暴露后

便逃到他的封邑蒲（今河南省长垣市）躲了起来。

公叔成是卫国有名的贤大夫公叔文子的儿子。孔子到卫国后出于对文子的仰慕之情，曾与公叔成有所交往。这件事情传到了卫灵公的耳中，他对孔子产生了猜忌，便派了一个心腹对孔子师徒进行监视，看孔子与公叔成是否有所勾结。孔子感到十分别扭，耐着性子住了10个月后，便萌生离开卫国之意，决定去南方的陈国碰碰运气。

时间是鲁定公十三年年底，随孔子去陈的还有一位陈国的贵族青年公良孺，他带着自己家的5辆兵车，与孔子他们一道向陈国方向进发。

路上经过郑国的匡邑，遇到了一桩意外的麻烦。7年前，鲁国执政的阳货曾经率师侵郑，夺取了匡邑，使匡人吃尽了苦头，匡人对此事一直印象极深。孔子一行到达此地后，引起了匡人的注意。正巧，孔子弟子颜刻当时曾随军出战，这次重到匡邑，他便用马鞭指着一处城墙说起他当年在此破城而入的事。匡人听到了颜刻的话，误以为阳货一伙又来骚扰了，再加上孔子的相貌又同阳虎有些相像，便更加深了这种怀疑。于是，他们便出动人马，团团围住了孔子一行。

孔子师徒被匡人弄得狼狈不堪，又差点丢了弟子颜回，时间一天天过去了，大家的心里都不安起来。

→圣绩图·围匡图

孔子也感到吉凶未卜，他感叹说："周文王死后，他的传统不是都被我们继承了吗？上天要想消灭这种传统，那就不会让我再掌握它；如果不是，那匡人又能把我怎么样呢？"

到了第五天，公良孺沉不住气了。他是个很勇武的人，看到孔子师徒的惨景，便挺身而出，说道："我情愿战死，也不再在这里受这窝囊气了。"他率自己的战车和随从同匡人交锋，终于突破了匡人的包围，使孔子师徒脱身而出。

陈国暂时是去不成了，孔子只好带着弟子们返回卫都帝丘。不料，刚走了几十里路，到了蒲邑，孔子他们又被公叔戍围住了。公叔戍向孔子提出：只要孔子不回卫都帝丘，不将蒲邑的虚实告诉卫人，才能放他们走。孔子无奈，只能在他的胁迫下同他举行了盟誓，答应了这个条件。离开蒲邑，孔子便继续北行，取道向帝丘进发。弟子们不解孔子为什么不守盟约，孔子解释说："在强迫条件下订下的盟约，当然可以不遵守，因为那不是神灵的本意，是没有效用的。"

卫灵公听说孔子去而复还，又听说他在蒲邑的表现，所以不仅未怪罪他的不辞而别，反而亲自到郊外迎接孔子。孔子喜出望外，决定在卫国再住一段时间，徐图再进的机遇。

卫灵公的夫人，叫南子，是个妖冶放荡的女人，名声很不好。她听说孔子的事迹后，非常好奇，便想认识认识孔子。于是，她派人去请孔子。孔子对南子的邀请很感为难。他不愿去见她，可又推脱不掉，只好勉强答应，到宫中去见南子。孔子到了宫中，隔着帐帏向南子行礼，南子在帐后起身回拜。回来后，孔子怕引起学生们的误会，便解释说："我本不想见她的。见她的时候，她也以礼来答复我的。"可学生子路

→ 圣绩图·子见南子图

仍不高兴，认为这件事失了孔子的身份。急得孔子只好对他发誓："我实在是迫不得已。如果我做得不对，上天饶不了我的呀！"

　　孔子待在卫国，一住便是三四年。卫灵公经常约他会面，但一直也没有表示要重用他，孔子眼看着在卫国推行自己主张的机会是越加渺茫了，便又一次萌生了离开的念头。这期间发生了许多不愉快的事，更加深了孔子的想法。

有一天，卫灵公让孔子陪他一同出游，孔子答应了。出门时却发觉卫灵公与夫人南子同乘一辆车在前头，孔子自己却被安排在第二辆车上，同卫灵公的一个侍臣一起，跟在后面。孔子因之而感到自己蒙受了极大的污辱，他气愤地说："我从没见到过像喜好美色那样喜好道德的人呢！"

还有一次，他与卫灵公闲谈时，卫灵公问孔子如何率军布阵的事。孔子却认为，一国的君主，应当以

圣绩图·同车次乘图

仁政治国，注意教化修养，而不该整天想着如何以武力征伐的事。所以，他不愿回答卫灵公的问题，便敷衍说："关于礼乐祭祀的事，我知道一些；至于说出兵打仗吗，我也没有学过。"卫灵公听了很不高兴，第二天和孔子见面时，就一面和孔子说话，一面不时地抬头看天上过往的大雁，显出一副很冷淡的样子。孔子看在眼里，冷在心里，对卫灵公越来越没有信心了。

孔子对卫国的邻国晋国，一直是很向往的。晋国是当时最有势力的大国之一，与卫国仅有一水之隔。他听说晋国的执政之卿赵简子正在四处招贤纳士，便决定前去投奔，也许在那儿，自己的抱负能够得到施展。

主意打定之后，孔子同弟子们便动身向晋国出发。刚走到黄河边上，有人带来消息说，赵简子把鸣犊和窦准两位晋国的贤人给杀害了。孔子闻讯，一时震惊得说不出话来，他望着眼前滚滚流淌的黄河之水，沉默良久，才感慨地叹息道：

"多么壮观的河水呀！浩浩荡荡，日夜不息地奔流！我孔丘却不能渡河而去了。这真是命中注定的啊！"

他的弟子们闻言，都一时感到莫名其妙，不明白自己的老师，正兴冲冲地走在去晋国的路上，现在晋

国就在对岸，渡过河去便是了，为什么突然又改变了主意，不肯渡河了呢？大家都用困惑的眼光望着孔子。

孔子向弟子们说道："窦准和鸣犊是晋国的两位贤明的大夫。赵简子未得执政时，全仗他俩扶持才能有今天。现在他掌权了，却把他们给杀了，这怎么不让人感到伤心呢？兔死尚且狐悲，连鸟兽都知道避开有危险的地方，更何况是我孔丘呀？"

就这样，孔子在河边眺望了对岸的晋国良久，还

是转过车头，沿原路返回了。在路上，他一直不能平静下来，便写了一首叫《陬操》的歌，借以排解自己的情怀。

卫灵公对孔子这次的不辞而别很不满意，对孔子的归来，也没有出城迎接。孔子虽然又回到了帝丘，但并不想在此多待，一有机会，他还是要和学生们另谋出路的。

不久之后，卫灵公去世。他的儿子和孙子因为争权夺位而打了起来，卫国局势一片混乱。孔子感到实在无法再在卫国待下去了，便动身南下，取道宋国，向陈国进发。

孔子年轻时到过宋国，现在阔别30年后又重到故地，自然倍感亲切，但宋国君臣却对孔子的到来无动于衷，让孔子很失望。宋国的权臣司马魋，为了死后能不朽，让工匠为他制作大型的石棺椁，历时3年还没完工，引得宋人怨声载道。孔子听说后批评说："司马魋这样奢侈，不惜民力，还不如死后快点烂掉更好些!"

话传到了司马魋那儿，他勃然大怒，决定给孔子一点颜色看看，便派了一批人去捣乱。正巧孔子和弟子们坐在大树下演习礼仪。司马魋的手下便把大树拔掉了。孔子明白自己得罪了人，看来宋国是不宜久留了，便决定离开这儿。弟子们见状，有些惊慌失措。孔子安慰他们说："我们的道德的力量是天赐的，桓魋又能把我们怎么样呢?"话虽这样说，孔子他们还是连夜动身，分路改道转向西方的郑国而去。

孔子与弟子们在路上走散了。到了郑都新郑，他只好一个人站在城东门口等着弟子们来会合。子贡等人找不到老师，便四处打听，一个郑国人对他说："在东门那儿有一个人，他的腮像古时的尧帝，脖

圣绩图·习礼树下图 →

子像著名的法官皋陶，肩膀如郑国的大夫子产，自腰以下又像治水的大禹。虽然长得不错，但看上去很狼狈，像一只丧家之犬，在那儿徘徊呢。"

子贡他们急忙到东门去寻，终于找到了老师孔子。子贡便把郑人的话如实地对老师学说了一遍，孔子听后，不禁乐了，他半开玩笑地说道："说我长得像古代的先贤，那可真不敢当啊；但说我像一条丧家的狗，确实很形象、很形象啊！"孔子临危不乱的镇定和豁达

→ 圣绩图·累累说圣图

也深深地感染了弟子们，他们为老师强大的内心力量所折服。听孔子如此说，也禁不住笑出声来。

一路上经历了几番周折，孔子他们终于到达了陈国。陈国国君陈湣公听说孔子远道而来，非常高兴，待之如上宾。经过了一番颠沛流离之后，孔子他们总算又有了一处安顿的地方。孔子经常同陈湣公交谈和会面，湣公对孔子的博学和思想极为佩服，对孔子越发地敬重。孔子便在陈国住了下来，一晃又是四五年过去了。

陈国在今天河南淮阳一带，是个小国，而且又处在楚吴之间，是他们争夺和欺侮的对象。楚吴两国经常拿陈国作为自己交兵的战场，从而使陈国深受其害。虽然陈湣公待孔子很好，但孔子依然找不到可以施展自己才能的机会。公元前499年，陈国又一次成为吴楚争霸的战场，战火蔓延到了陈都宛丘，孔子他们只得再次踏上奔波的路程，向南方的蔡地进发。

孔子去蔡的目的，是为了接近楚国。楚君楚昭王是当时很有为的一位国君，楚国又是南方的大国。孔子的政治抱负既然无法在中原实现，便转而寄希望于楚，希望能在楚国得到重用。

因为离开宛丘时过于仓促，连干粮也没有备足。从宛丘南下，又恰是楚吴两军的交战之地，一路上人

→ 圣绩图·在陈绝粮图

在陈绝粮图 各首长六尺 孔子年六十三岁 楚昭王使人聘孔子 孔子将往 陈蔡之大夫谋曰 孔子贤者 所刺讥皆中诸侯之疾 今者久留陈蔡之间 诸大夫所设行皆非仲尼之意 今楚大国也 来聘孔子 孔子用于楚 则陈蔡用事大夫危矣 于是乃相与发徒役围孔子于野 不得行 绝粮 从者病 莫能兴 孔子讲诵弦歌不衰

烟稀少，景色荒凉。几天后，孔子他们便绝粮了，但去蔡的路仍很遥远，只好以野菜充饥。

当时正值暑天，气温又高。孔子他们又累又热又饿，实在走不动了，只好停下来歇息。大家已经好多天没吃过一顿像样的饭了，许多人还染上了疾病，眼看就要困死在这荒郊野地了。孔子依然显得很从容，如往常一样讲课、弹琴，仿佛什么事也没有发生似的。子路脾气急，终于忍不住对老师发牢骚说：

"我听说，人行善有善报，作恶有恶报，老师您一生磊落，行义积德，可为什么会沦落到这种地步呢？"

孔子回答说：

"子路你不明白，我告诉你好了。你以为智者就一定能被重用吗？王子比干不正因为此而被剥心了吗？你以为忠者就一定能受赏识吗？关龙逄却因此而受了刑罚；你以为谏者就一定被采纳吗？伍子胥却因之被悬头城门。能不能遇到机会是天时的问题，是不是贤德却是个人修养的事。天下有那么多博学深谋却不得时运的君子，怎么说只有我一个人得不到好报呢？但是，子路呀，兰草的芳香不会因为它处在深山里不为人知而有所减弱；君子求学，也不是为了个人的显贵通达，而是为了在困境中能保持坚定的意志呀。所以，君子博学深谋，努力修养，注重行为，全是为了等待时机呀！"

子路还有点不太理解，又问老师："君子也有处境困窘的时候吗？"

孔子道："君子困窘时，仍能坚定不移；而小人困窘时，就会肆无忌惮，很难把握住自己了。"

子贡在一旁，听到老师这一番富有哲理的话，不禁怦然心动，若有所悟。孔子见状，便问他：

"子贡啊，你认为我是一个博学多谋又善于记忆的

→圣绩图·灵公问陈图

人吗?"

子贡说:"对。难道不是吗?"

孔子说:"不是的,我只不过是用一条最基本的原则来贯穿所学到的一切知识罢了。"

孔子所说的贯穿一切知识的那条基本原则,正是指这种身处逆境仍能坚定不移地追求信仰的崇高的理想主义精神。

孔子知道,这段时间以来,弟子们情绪都不好,很多人在困境面前对自己的信仰产生了怀疑。他知道，一旦信仰危机，就容易导致精神的崩溃，尤其是在困境之中时，更容易使一个人垮下来。于是，他决定同大家更好地谈谈这个问题，便接着问弟子们：

"《诗经》上说：'匪兕匪虎，率彼旷野'（大意：我们既不是野牛也不是老虎，为什么在旷野中流离失所呢），我们的信仰难道错了吗？为什么我们到了今天这种地步？大家不妨说说看。"

子路抢先道："是不是我们还没有达到'仁德'的境界，所以别人不信任我们呢？或者是我们没有足够的智慧，别人看不上我们的主张？"

孔子说："有点道理。可子路啊，如果真是有了仁德别人便会信任我们，叔齐、伯夷怎么会饿死在首阳山上？如果真是有了智慧便能得到别人的赞成，王子比干又何必被商纣剖心而死呢？"

子贡接着说："先生的志向太大

←采薇图（局部）

北京故宫博物院藏《采薇图》　　宋·李唐

商末伯夷、叔齐不食周粟，在首阳山饿死的故事。图绘半山之腰，苍藤、古松之荫，伯夷与叔齐采摘薇蕨之余，正在休息对话的情景。画中正坐一人即为伯夷，他面带忧愤，目光炯炯，注视着叔齐。叔齐一手按地似在说着什么。图中人物刻画生动传神，衣纹简劲爽利，衬托出人物刚直不阿的性格。

了，因此不能被天下人所接受，您为什么不把它的标准降低一些呢？"

孔子说："子贡啊，你为什么要为了谋求别人的承认而随便放弃自己的信仰呢？你的志向太不远大了！"

这时候，颜回说道："虽然您的志向远大却不为天下人所容，可是只要您能够坚持不懈地去推行它弘扬它，不为人所容又有什么妨碍呢？正因为不为人所容才体现出君子的品格。不去修养志向是我们的不对；可志向既然已经修成了却不被接受，只是那些有国者的不对呀！"

孔子会心地笑了起来。他忘记了几天来跋涉的疲劳和饥饿，因为有这样与自己心心相通的弟子而感到

《子路问津图》　　明·仇英

　　取孔子周游列国的故事。《史记·孔子世家》记载，孔子"去叶反于蔡"之际，就是正要离开楚国的叶邑时，途中遇见长沮、桀溺二人，因而使子路问津。画中前方一巨石，孔子于车中扶几端坐，虽于迷道中不失安详。一童侍立于侧。前方则子路拱立，耕者方作指点欲语状。

欣慰。他对颜回说：

"说的是，颜回。要是你有一些财产的话，我可以去做你的管家呢！"

这一席长谈，沟通了师徒的思想，也稳定了大家的情绪，坚定了大家的信念。孔子让子贡去楚国求援，子贡来到了负函（今河南省信阳市）向守城的楚大夫叶公沈诸梁说明了来意，叶公马上派人给孔子他们送去了粮食。孔子师徒终于得救了。

应叶公的邀请，孔子继续南下，到了负函，住了下来。叶公对孔子很景仰，常常与他在一起讨论问题，这时的孔子，已是63岁的老人了，可他依然像当年那样执着于自己的信仰，毫不松懈。有一次，叶公向子路打听孔子究竟是一个怎样的人，子路一时竟不知如何回答是好。孔子听说了这件事，就对子路说："子路啊，你为什么不这样回答呢，就说：'他追求大道毫不疲倦，教诲学生从无厌烦，激动起来连饭都顾不上吃，高兴起来就忘掉了忧愁，从来不知道老之将至呢！'"这一番自我描述，形象地表明了年老的孔子的豁达与执着。

楚昭王听说孔子到了负函，便想派人请他，并准备将书社地方七百里的土地封给孔子。可楚国的令尹子西却坚决反对。他认为，孔子这样有才干的人，手

← 圣绩图·子西阻封图

下又有一批能干的弟子，任用孔子恐怕会给楚国招来隐患，因而不同意昭王的主张。楚昭王听了他的话，便打消了任用孔子的念头。孔子要弘扬大道的愿望又一次落空了。

负函附近有很多隐居不仕的高人，孔子在负函期间，便遇到了其中的一些。有一次，他与弟子们在路上迷了路，便派子路向路边的两位种地的老者打听渡口。正巧这两人是楚国的隐者，一个叫长沮，一个叫

桀溺。他们见子路询问，就反问子路说："车子上坐着的那位是谁呀？"

子路说："是孔丘。"

又问："是鲁国的孔丘吗？"

子路说："是。"

他们便对子路说："他该知道渡口在哪儿呀！"

子路心里不解，只好再上前询问原因，两位隐者说："世上到处都是如洪水泛滥一样的恶浊的东西，你

→圣绩图·问津图

们能同谁去改变它呢？你与其像孔丘那样去逃避坏人，倒不如跟随我们这些逃避社会的人呢！"说完，他们便埋头耕作，再不理会子路。

子路只好回来报告孔子。孔子感慨地说："我们既然不能如鸟兽那样活着，又怎能不与人打交道呢？如果天下太平的话，我也不会出来如此执着地倡导改革呀！"

还有一次，子路随孔子外出时落在了后面，便问路上一位用拐杖挑着锄头的老者："您看见我的老师了吗？"老者说："四体不勤，五谷不分，谁算是你的老师呢。"说完，便开始到田里除草去了。第二天，子路追上了老师，告知这件事。孔子说："这是位隐士啊！"孔子很想同他深谈一下，派子路去请老者，却再也找不到他了。

孔子的心里被隐隐触痛了。他并不主张如隐者那样消极避世，逃避自己应该承担的社会责任。尽管他明知自己的主张在现实的环境中行不通，但他依然想知其不可为而努力为之。他觉得逃避社会的丑恶是一种不义的行为，一个真正有德行的人，是应该直面这个社会，坚持自己信仰，鞠躬尽瘁，死而后已的。这才是做人的根本。

孔子到负函不久，楚昭王便去世了，孔子的心情

→圣绩图·接舆狂歌图

也灰暗下来。他年纪大了，开始思念自己的故乡鲁国和那儿的弟子们，萌生了返国的念头。正巧有一天，他听见一位叫接舆的楚国人疯疯癫癫地唱歌道：

凤鸟凤鸟啊，

你为什么这样狼狈？

那些痛苦的往事呀，

就叫它们都被忘却吧，

我们还有将来的日子，

值得我们好好地挽回。

算啦算啦，

当权者有几个还是好人呢？

孔子听出歌中有讽劝自己的意思，希望自己能迷途知返，不要勉强去做徒劳无益的事情了，如果再执迷不悟，那是很危险的。

孔子感到有必要同这位狂人聊聊，急忙下车追了上去，可接舆却扬长而去。只有孔子呆立在路上，怅然良久。狂人的歌声又勾起了他心酸的往事，也勾起了对故国的怀念，他终于决定要踏上返家的历程了。

孔子同弟子们直接由负函北上，回到了卫都帝丘。他的学生中已有一些人在卫国任职了，所以，他在卫都停留下来。卫国的新君卫出公对孔子的到来表示欢迎，但并不打算重用他。恰好鲁国的季氏的新人季康子派人带着礼物来请孔子返鲁，孔子便起程动身，回到了阔别多年的父母之邦——鲁国。

这一年是鲁哀公十一年（公元前484年）。这年秋天，已经是68岁高龄的孔子，终于结束了长达14年的羁旅生涯，在自己的故乡定居了下来。

新风一代教化先

教育的目的，不仅是传授知识，更是
传授理想；不仅是教书，更是育人。

——克里尔

经历了一番颠沛流离生活之后，孔子终于又回到自己的故乡安顿下来了。他已经是年近七旬的老人了，但岁月的磨难和人生的坎坷并未使他屈服。他知道，在自己的有生之年里，是无法亲眼看到为之奋斗一生的理想社会的实现了。但他并不灰心失意，而是把希望寄托在弟子们身

→ 孔子行教像

上，以老当益壮的乐观精神，更加发愤地投身于教书育人之中。他要把自己的知识、智慧和信仰都全部无私地传给学生们，让他们来继承自己未竟的事业。

还在30岁左右的壮年时候，孔子便开始了他的教学生涯。他在历史上首倡私人讲学的风气，培养了大批的平民子弟，从而成为中国第一位伟大的教育活动家。从那时起，教育，便成了他事业中不可分割的一个重要的部分，四十年来，从未放弃和停顿过。

在孔子之前，文化教育一直是掌握在贵族阶级手中的。只有那些有身份的贵族子弟，才有机会接受正规的学校教育。一般的平民子弟，尽管对知识充满渴望和向往，却无法进入官办的学校里求学，只好在一旁望洋兴叹。

孔子深知求学的艰苦和不易，他本人，因为出身贫贱，就不得不主要依靠自学而成材。这种经历给他以巨大的触动，他决心打破这种"学在官府"的教育垄断局面，向广大的平民子弟敞开一扇向学的大门。到他30岁左右，已经成为远近闻名的大学者了，有许多人慕名前来向他求教。于是，他毅然提出了"有教无类"的口号，开始兴办私学，招收弟子，传授知识。

孔子的弟子们，不分身份、地位、贫富和贤愚，只要是专心向学，肯于向他求教的，他都会一视同仁，

悉心教诲。他从不收弟子们的学费，拜师只需向他送一束干肉做见面礼即可。他的弟子中，不仅有年长的也有年少的；不仅有鲁国当地的，还有来自其他各个国家的；不仅有许多贫贱人家的子弟，更有一些甚至有过劣迹，做过坏事的，他都毫无嫌弃和鄙薄，而是以一个教育家的博大胸怀，接纳了他们。史书上载，他的弟子冉雍的父亲是位耕田犁地的"贱人"；颜回则家贫如洗，身居"陋巷"；颜涿聚曾是梁父地方的一个大盗；子路拜师前，是个品性恶劣依强恃勇的粗暴青年。经过孔子的培养，冉雍成了一个德才兼备的人，颜回成了孔子最心爱的弟子，颜涿聚则成了齐国的大夫，子路成了孔子的助手和知心朋友，曾经陪他四处漂泊周游列国。据说，孔子的弟子多达三千人，而其中有杰出才能的贤者有七十二人。

　　孔子这样做，无疑是需要巨大的勇气，是当时文化领域中一项深刻的改革措施。这不仅满足了广大平民子弟对知识的渴求，促进了"学风下移"，而且打破了"学在官府"的知识垄断局面，使越来越多的普通人通过学习而成为社会的栋梁之材，有力地推动了文化的传播和发展，也为平民参政创造了良好的文化前提。的确是一项开风气之先的举动。

　　作为一名教育家，孔子抱定了"诲人不倦"的信念，在教育学生时从来都踏实认真、从不松懈。在他担任鲁国公职期间，白天公务太忙，晚上回家后仍要和弟子们讨论学问；在出游列国时期，他与学生们一道，走到哪儿，便把课堂带到哪儿。即便是在遇难于

← 孔庙杏坛

匡蒲，绝粮于陈蔡之间的时候，他也要坚持给学生们
讲习礼乐。正是他的这种"诲人不倦"的良好作风，
赢得了弟子们深深的敬重，也吸引了越来越多的寻求
学问的青年。

孔子并不是仅仅为了教书而教书。在他看来，教
育的目的，是培养一代德才兼备的优秀人才，通过他
们来治国兴邦，改造社会，服务于国家。他曾经对弟
子们讲，一个真正的人才，应该做到"君子不器"，也
就是要不仅仅局限于一才一艺，更要注重有德行超群，
统筹兼顾，照应全局的本领，能够做到"可以托六尺
之孤，可以寄百里之命，临大节而不可夺也"。只有这
样，才能在社会中有所作为，才能够有益于治理国家

兼济天下。

为了达到这一目的，孔子在教学中不仅向弟子们传授礼乐射御书数等技术和技能，传授文献的知识和典制。更为重要的是，他格外注重学生们的道德修养和人格塑造。他常常教导学生们注意"德"和"仁"，要做到"贫而无怨，富而无骄"，要注重自己的品格修养，每时每刻都以"仁"的标准严格要求自己。为了达到这一要求，他主张弟子们平时要做到"见贤思齐焉，见不贤而内自省也"。要做到"躬自厚而薄责于人"，对己要严，待人要宽。他特别赞成弟子曾参的"吾日三省吾身"的说法。他教导弟子们说："三军可夺帅也，匹夫不可夺志也。"要成为一个有仁德的人，就该保持自己坚定不移的气节；同时，他还说"君子坦荡荡，小人长戚戚"，认为只有具有广阔博大的坦荡胸怀，才能做到"仁者不忧，勇者不惧"，不为困境和逆境所吓倒。另外，他还认为，有贤德的人不要因贪利而不顾道义，不要在危机时逃避责任，而应该是"见利思义，见危授命"。所有这些，都成为后世人们加强道德修养的宝贵财富，直到今天，还有着广阔的现实意义。

在具体的教学实践当中，孔子不主张"灌输"和"死学"，认为一个优秀的教育者应该注意教学原则和

教学方法的改进。并且通过自己四十多年的教学实践，总结出了许多行之有效的教育原则和方法，成为后世教师所师法的楷模，也为人类教育事业做出了巨大贡献。

孔子主张，学习过程中，要将学、思二者结合起来。他说："学而不思则罔，思而不学则殆。"认为只死读书却不会思考，往往会陷入迷惘状态，而只一味空想却不善于学习，则会毫无所获。他提倡做事情时要注意"多思"，反对凭空揣测和简单地下结论；但他又主张，要将"思"建立在学习的基础上。他对学生们说："我曾整天不吃饭，整夜不睡觉地去思考问题，但并没有什么作用。还是不如去学习啊！"他批评那种

→孔庙大成殿

"饱食终日、无所用心"的懒汉作风，教导学生们要"多闻阙疑"，敢于发现问题，培养思考能力。

在教学过程中，孔子熟悉每个学生不同的个性特点，并能依据学生们的不同特点和具体情况，因材施教。他的学生中，"高柴愚笨，曾参淳朴，颛孙师好偏激，子路有些鲁莽"，孔子对此了解得很透彻，总是有针对性地去教导他们。有一天，子路问老师："我听说了一件事后，马上就干起来，成吗？"

孔子说："你该先同你的父亲、兄长商量一下，怎么能听到就干呢？"

冉有也问老师这个问题，孔子说："你觉得该干就马上去干吧。"

两人问的都是同一个问题，孔子却给他们不同的回答，原因就在于，子路做事太鲁莽冲动，常常不假思索；而冉有却有些过于谨慎，做事常常下不了决心。

孔子还是古代启发式教学的首创者。他明确地提出："不愤不启，不悱不发；举一隅不以三隅反，则不复也"的教学原则，强调在教学过程中启发、诱导学生的主动性和积极性。如果学生不到想求明白而不得时，不去开导他；不到想表达而又表达不出时，不去启发他；要是学生不能举一反三，触类旁通，指给他东方却不会由此推出西、南、北三方，便不能再教他

孔庙大成殿"生民未有"匾 清·雍正皇帝题

语出孟子赞孔子"生民未有盛于孔子也",意思是说:有人类以来,还没有全面超过孔子的人。

了。

孔子认为,师生之间应该相互切磋学问,共同讨论问题,以收到教学相长的结果。有一次,他同子路和颜渊讨论一个人的志向该怎么确立,子路说:"我愿把我的车马衣服与朋友们共享,用坏了也不会感到任何遗憾。"颜渊说:"我做过好事后既不去夸耀自己的好处也不去表白自己的功劳。"孔子点头赞许。子路进而请老师谈谈这个问题,孔子说:"我只希望年长者能过上安定的生活,朋友们对自己表示信任,年轻人对自己表示怀念。"一番谈话，使师生都因之而有所收获。孔子不主张学生迷信老师，把老师所说的一切都毫无条件地接受，他要求学生们在真理面前不要顾及老师的面子，要有"当仁不让于师"的勇气。他非常欣赏子路的直爽，乐于接受他对自己的批评。而对于对老师的话句句都言听计从的颜回，则认为虽然他的品学极高，但并不能对自己有所帮助。孔子的这种开明民主的教学原则，是很多心胸狭隘的人所无法相比的。

孔子教学生时，特别注重密切联系现实生活，他关心时事，关注世情，与那种"两耳不闻窗外事，一心只读圣贤书"的书呆子不同，他认为，学习要注重实践，要学以致用，要把学到的知识灵活运用。为了达到这一目的，他经常对社会现象进行评

← 孔子墓墓碑

→孔庙『金声玉振』牌坊

价，由此引发出自己的思想。

孔子不仅重视言传，更重视教师的"身教"的作用。他从来不在学生面前摆架子，而是以自己的行为言语给学生做出榜样。他要求学生们"讷于言而敏于行"，而他自己也正是这样做的。正是孔子的坦荡襟怀和高风亮节深深地得到了学生们的敬重，使学生们对他发自内心地佩服。这是一名教师所应该具有的巨大的人格吸引力量，在潜移默化中感染和影响着学生们的言行。

在具体的学习过程中，孔子也为我们留下了许多宝贵的经验。例如，他主张"学而时习之"，认为"温故而知新，可以为师矣"；主张在学习上"不耻下问"，虚心学习；认为"三人行，必有我师焉"等等，对搞好我们今天的学习仍有重要的指导意义。

　　40多年来，孔子孜孜不倦地教书育人，为社会培养了大批的优秀人才，收到了"桃李满天下"的效果。他的学生中，有许多人在学业上成为"身通六艺"的出类拔萃的贤者。如颜渊、闵子骞、冉佰牛、仲弓等成了具有高尚德行的治国之才，宰予、子贡成了能言善辩长于外交事务的人才；子路、冉有则长于政事可以成为高素质的官员；子游、子夏等则有渊博的知识，成为极有学问的学者。这些人，在学成之后，又奔赴各国去从事各项社会活动，活跃在各国的政治、军事、文化、学术、外交舞台之上，为社会的发展做出了自己的贡献。孔子的教育事业，成了一件开风气之先的事业，对中国文化和中国历史的进步，有着不可低估的作用。正因为此，孔子被后世奉为"万世师表"，永远受到了人们的景仰和尊敬。

敛薪聚火传后人

问渠那得清如许，为有源头活水来。

——朱　熹

　　悉心教学之外，还有一件事，让暮年的孔子难以释怀，那就是对古代经典文献——六经的整理工作。孔子知道，他剩下的日子不会很多了，在他有生之年，应该把前人传下来的文献典籍做一番系统的整理，把它们传给后人，为他们提供一份可利用和借鉴的文化传统。更何况，在这些文献典籍中体现着孔子一生追求和信仰的寄托。他想该把它们留下来，为自己未竟的事业留下思想的火种。

　　所谓六经，是指《诗》《书》《礼》《乐》《易》《春秋》6种主要的文献典籍，它们当中包含着西周时代制定的礼乐制度的主要内容，在当时的政治生活中起着广泛而深刻的作用。到孔子那个时代，长期的战乱和动荡，再加上文献在流传中的损坏，有许多内容已经濒于失传了，保留下的，也多是混乱芜杂毫无条理了。

←圣绩图·删述六经图

面对这种情况，孔子深感痛心，感到自己有责任抢救这些珍贵的遗产，使它们更广泛地传播开来，于是，他便着手进行文献的整理工作。

孔子在流亡各国的时候，"六经"的整理工作便开始了，他把其中芜杂的体例进行排比、归类，并把整理好的东西教授给他的弟子们。回国后，他更是在文献整理上倾注了大量的心血。

孔子对文献的整理，是极为严肃认真的。他一贯

反对随意的篡改和发挥，反对不依据史实的主观猜测和凭空杜撰。他自称自己整理文献典籍时，是"述而不作"，就是保持文献原来的文辞章句，不去随意改动和删削，使之尽量保持原貌；另一方面，他又将流传下来的文献中的那些神怪荒诞的内容删除，反对用鬼神迷信来解释现实和历史的内容，用他的学生们的话，就是："子不语怪、力、乱、神。"这在巫术鬼神广泛流行的当时，是需要极大的魄力和胆识的。

　　六经当中，《诗》是当时流行的一部诗歌总集，包含了从西周到春秋时期500余年间流传的民歌、祭祀歌和贵族们创作的各种诗歌。在当时，是贵族人士们

→孔子之子孔鲤墓

用来交往表意的工具。据传当时《诗》共有3000多篇，孔子把其中重复、鄙俗的内容删除去，留取了其中最有代表性的305篇，分别归纳到《风》《雅》《颂》3个部分当中，并按照乐曲的正确音调，进行了篇章上的调整。全部的《诗经》，"风"从《关雎》开始，以各地采集的民歌为主，反映了当时民间生活风尚和社会习俗；"雅"分"小雅""大雅"两部分，"小雅"从《鹿鸣》始，"大雅"自《文王》始，主要是周贵族生活和政治活动的情况；"颂"则从《清庙》始，是当时庙堂祭祀之歌。经过这样一番整理，才成了一部有条理而各得其所的诗歌总集。

《书》，又称《尚书》，是孔子所收集到的各代历史档案资料的汇编，包括虞、夏、商、周四代的重要的政治文献。孔子认为，这些档案资料包含着古代君主的政治实践和政治主张，是他所倡导的"仁政""德治"的理论依据。所以，他对它们极为重视，经过细心的整理，保留了100多篇。后世因为战火而失散了许多。今天流传下来的，已经只剩十几篇了，但这对于保存上古时代的历史内容，已经是极为珍贵和重要的了。如果没有孔子的整理，恐怕这些历史档案资料现在早已完全失传了。

《礼》是当时社会生活中各项典章制度和风俗习惯

→圣绩图·问疾图

内容的总汇，是国家政治生活中的基本原则的体现和人们日常行为的规范。同时也是孔子所着重强调的内容之一。孔子把前代的礼的含义，重新确定为一个人历史观、政治观和人生观的有机整合，从而把古周礼推到了一个更高的层次。现在流传下来的有关礼的典籍，主要有三种，即《周礼》《仪礼》和《礼记》。《周礼》是西周时各种官制的设置及职限；《仪礼》则讲各种典礼节仪；《礼记》，是孔子及其弟子讨论礼的性质、意义及作用等内容的汇编。经过孔子的一番整理，礼所包含的内容逐渐成为中国文化传统的重要组成部分，对后世产生了持续而深刻的影响。

《乐》是当时各种活动中所使用的音乐、舞蹈内容的汇编，也是与礼和诗密切相关的文化内容。孔子对

← 孔子之孙孔伋（子思）墓

音乐的高度修养，使他有能力对乐的内容进行了系统的整理。他认为，音乐是为政治服务的，治世的音乐静穆和平，乱世的音乐愤怒哀怨，亡国前的音乐则有悲哀之声。他说："我从卫国回到鲁国时，已经把乐给端正了。"可见他对乐的整理是下了一些功夫的，可惜的是，这部我国最早的音乐典籍，现在已经失传了。

　　孔子晚年用力最多的两部典籍，是《周易》与《春秋》。《周易》是古代的卜筮之书，但其中包含着极为深奥的哲学内容。孔子晚年，喜爱读《易》，几乎到了废寝忘食的地步，以至于把穿连《易》的竹简的牛皮条，弄断了许多次，可见他对《易》喜爱的程度之深。他对弟子们说："如果我有几年时间能专门研究《易》的话，那我会学得更好，更有收获的。"他从易经的卜筮的形式中悟到了事物发展变化的辩证法的内容。为了使《易》能为人读懂，他亲自为《易》作《传》，写了《彖》上、下，《象》上、下，《系辞》上、下及《文言》《说卦》《序卦》《杂卦》共10篇易传，故又称为《十翼》，以此来阐述《周易》的哲学思想，使《周易》这本深奥难读的书，成为中国传统哲学的经典著作，使后人得以读懂它理解它。

　　《春秋》是孔子依据鲁国史官所记的《鲁春秋》而写成的一部史著，是我国历史上现存最早的一部编年体史书。孔子在书中体现了他的政治思想和历史观点，寄托了他奔波终生却无法实现的政治理想，他希望通过这部书，让后世的人们明辨是非，受到教育，从而达到"上明三王之道，下辨人事之纪，别嫌疑、明是非、定犹豫、善善恶恶，贤贤贱不肖，存亡国，绝绝世，礼敝起废"，恢复"王道之大者"的政治理想。使"乱臣贼子惧"，恢复安定的社会秩序。孔子为编纂此书，倾注了大量的精力和心血。为了完整地体现他要表达的思想，他一个人独自完成了这部作品，不许别

鲁壁

秦始皇焚书时，孔子九代孙孔鲋将《论语》《尚书》《礼记》《春秋》《孝经》等儒家经书藏于孔子故宅墙壁中。

人随意改动。他对弟子们说："后代的人，理解我孔丘的，是这部《春秋》，怪罪我孔丘的，也是这部《春秋》啊！"话语中，浸透了这位为了济世救民而奔波一生却总难如意的老人的凄凉而又执着的心境。

孔子整理这6种典籍，的确是有着他深刻的含义的，他是想以此来寄托自己的政治理想。在他看来，《易》中讲的是阴阳四时事物变化的规律；《礼》讲的是治理人们的纲常，目的是指导人们的行动；《乐》是

→圣绩图·天降赤虹图

讨论音乐的兴起与作用，目的是使人发扬和气；《书》，则记载了先王的事业，在于为人们管理国家提供指导；《诗》中表现了各地的风俗事物，成为人们表达感情的依据；《春秋》将万事万物分合聚散的道理都包含在其中，目的是要人们明辨是非，遵守道义，起到劝善抑恶的作用。由此可见，孔子编次六经，是一项有着良苦用心的严肃的事业。

经过孔子的精心整理，这批文献成了儒家思想的经典，并得以由久远的古代流传到了今天。它们不仅成为中华文化的源头和古老的象征，而且也成为人类文明的瑰宝之一。从孔子那个时代起直到今天，它们对中国的历史、文化的各个层面都产生了深刻的影响，这是与孔子编次六经的卓越工作分不开的。即使到了今天的现代社会，这批文化遗产仍然是我们认识、研究古代社会生活的重要材料；是我们寻找中华文化的根的依据。

漫说生前身后事

子在川上曰：逝者如斯夫，不舍昼夜。
——《论语》

岁月是一条无法阻挡的河流。那浩浩荡荡的河水，日夜不停地奔流着。孔子不可避免地老了。

在他生命的最后几年，连续发生了几件很不幸的事，使这位一生坚强的老人精神受到了很大的刺激，身体也渐渐垮了下来。

鲁哀公十三年（公元前482年）孔子唯一的儿子伯鱼不幸去世，年仅50岁。在这之前3年，他的夫人亓官氏早已去世。孔子在世上的亲人们都离他而去了，这不能不使他感到凄凉而又悲伤。

不幸一个接着一个，孔鲤死后不到一年，孔子最为心爱的得意门生颜回也离开了人间。颜回是孔子弟子中最能理解他的思想、最勤奋好学的一个，孔子一直很珍爱地把他看作自己的亲生儿子。颜回死时年仅41岁。孔子为此而悲痛欲绝，忍不住放声大哭，说道：

← 圣绩图·赐药图

"唉！上天要我的命呀！上天要我的命呀！"弟子们关切地劝他不要过度伤心，孔子说："是太伤心了吗？我不为他伤心，还为谁伤心呢？"在这之后，孔子还常常念念不忘地提及这位心爱的弟子，言语中流露出深深的惋惜。

鲁哀公十五年，不幸又一次找上了门来。跟随孔子时间最长的弟子和亲密的朋友，那位性格豪爽直率的子路，在卫国的一场内乱中不幸遇难，被乱刀杀死。

孔子听说了，再一次陷入了极度的悲恸之中。

此时鲁国的形势，仍旧没有好转的迹象。鲁哀公十四年春天，管理山林的人在曲阜西南的大野泽打猎时，捕获了一头怪兽。众人不识，就去问孔子，孔子说："这是一头麟。"古时候"麟"是太平之兽，代表着"圣人"。孔子见到这头被射杀的麟，悲伤地叹息道："吾道穷矣！"近年来的一系列不幸打击使孔子逐渐预感到自己将不久于人世了，因而感到格外的凄楚

→圣绩图·西狩获麟图

和伤心。

　　子路遇难后不久，孔子便病倒了。他昏沉沉地躺在床上，恍惚中做起了梦来。早晨醒来，他强支病体，手扶拐杖，挪步门前。这时候学生子贡来看望他，他对子贡说："子贡啊！你为什么这么晚才来呢？"接着长叹一声，声音沙哑地唱道：

　　　　巍峨的泰山啊，快要崩倒了；

　　　　粗壮的梁柱啊，快要折断了；

　　　　一代哲人啊，

　　　　也要像草木一样枯萎了！

　　歌罢，孔子老泪纵横地拄杖进屋，呆坐在窗前，陷入了沉思。

　　子贡见状大惊，慨叹道："泰山倒了，大家怎能安生？梁柱坏了，大厦凭何支撑？哲人萎了，我们将依靠谁呢？看样子老师的病确实是很重了。"

　　孔子沉默良久，对子贡说：

　　"天下混乱，大道不行已经很长时间了，看来没有人能继承我的事业了。夏代人死后停棺在东阶；周人死后停棺西阶；殷人的棺材放在两阶柱子中间。子贡啊，我梦见我坐在两阶柱子中间了，我大概要回到我

→圣绩图·梦奠两楹图

的殷人先祖那儿去了。"

说罢，满目凄然。

7天之后，孔子溘然长逝，享年73岁。

孔子的忌日，是鲁哀公十六年（公元前479年）周历的四月十一日。他的去世震惊了整个鲁国。鲁哀公闻讯后，特地赶来吊唁，叹息道："老天爷这么不仁啊！就连这样一位德高望重的老人都不给我留下来。剩下我一个人活在世上形只影单好不孤单。尼父啊，今后叫我向谁去请教呢?"

弟子们忍住了悲痛,将老师安葬在鲁都曲阜北部的泗水之滨。按照当时的礼俗,他们为老师守丧3年期满后,才恋恋不舍地洒泪而别。只有子贡,一个人留下来,在老师墓旁修筑了一间草庐,又陪老师呆了3年,然后才离去。

许多人出于对孔子的景仰,便把家搬到了他的墓旁,渐渐地人多了起来,被称为孔里。孔子住过的故居,也被人们改为庙堂,珍藏着他生前的衣物、用具和书籍。后世许多凭吊孔子的人,又在他的墓旁广植松柏,渐渐使周围形成了一大片壮观的林子,被人们称之为"孔林"。直到今天,曲阜城内还完整地保存着孔庙、孔府、孔林三处有关孔子的遗迹,被称为"三孔",成为人们缅怀和纪念这位中国文化先哲的圣地。

《诗经》上有一句诗说:"高山仰止,景行行止",意思是说,圣人的道德学问像高山一样使人瞻仰,如大路一样导人遵循。孔子就是一个这样的人。在漫漫的历史长河中,有多少帝王将相、达官显贵,活着时显赫荣耀,神气十足,死后却连个名字都没能留下;而布衣出身的孔子,虽然生前备尝人世间的寂寞疾苦,饱受无数的颠沛流离,但却没有被人们忘记,他的名字和学问传了一代又一代,他的形象成为人们景仰的

→圣绩图·子贡庐墓图

对象。其中的原因，就在于孔子从事和开创了一份前人所未有的事业，将中国历史的文化的根流传了下来。为大众而生的人是幸福的，也只有这样的人生，才最有价值和意义。

世事沧桑，岁月无情。孔子生前寂寞孤独，死后却为历代的统治者尊奉为"至圣"。在漫长的古代社会中，孔子所创立的儒家学说成为中国传统文化的主流，深刻地影响着中国的政治、思想、文化及社会生活。

应该承认，那些提倡儒学的历代统治者，主要是想利用孔子的学说为他们的统治政权服务，并没有想要真的要实现孔子的"仁政"理想。从汉代起，孔子也被他们改造得面目全非；到了明清时期，孔子原来的思想已经为所谓的"理"学所代替，孔子的学说也成了

←子贡手植楷碑

统治者束缚人民思想、实行封建专制统治的工具，开始出现了以"礼"吃人、以"礼"杀人的悲惨局面，以至于五四新文化运动的先驱们不得不喊出了"打倒孔家店"的口号，号召人们起来推翻旧的吃人的封建礼教。

但孔子是无辜的。

从某种程度上讲，孔子是中国古代的伟大的改革家和传统文化的继承人。他所从事的事业是将夏、商、周三代的文明成果进行吸收和改造的事业，是在春秋末期那个变革的时代里对于古代传统的改革事业。在

→孔府鸟瞰

中国文化发展史上，以孔子为标志，是一个旧文化时代的结束和新文化时代的开始。他扬弃了原始文化中包含的大量"天命""鬼神"观念的迷信内容，创造了一种崭新的以"人"为主题的文化传统，标志着中国文化中"人"的自觉意识的觉醒。他所积极主张的入世思想，正是对人的自觉性的弘扬。因此后世把孔子的学说称为"仁（人）学"。这是中国文化的第一次"启蒙运动"，经过孔子改造后的文化传统，从此，如无声的春雨一样融入每个中国人的心灵深处，成了中华几千年文明的强大源头。孔子的功绩，是不可埋没的。

孔子学说在历史传播过程中，先后流传到了日本、朝鲜以及东南亚各国，并为当地的人民所接受，在他们各自的历史发展中起了广泛的影响作用，从而使东亚和东南亚地区成为受儒学影响的地区，使儒学成为唯一可以与西方基督教文化相媲美的东方文化的代表。

随着世界交往的扩大和文化的传播，从18世纪开始，孔子思想在西方也受到了广泛关注，受到了法国启蒙思想大师伏尔泰、狄德罗和德国大思想家歌德等人的推崇。第二次世界大战后，已经有越来越多的西方有识之士，看到了西方文化日益暴露的弊端，把目

光投向了东方的孔子。他们研究孔子，宣扬孔子，希望用孔子的学说来纠正和克服西方面临的严重的道德危机的局面。孔子，已不仅仅是中国的孔子，而正在成为世界的孔子，人类的孔子。

→孔子墓

相关链接

孔子大事年谱

1岁（公元前551年） 鲁襄公二十二年夏历八月廿七日，生于鲁国陬（zōu）邑昌平乡尼山附近。因父母祷于尼丘山而生，故名丘，字仲尼。

3岁 孔父叔梁纥（hé）卒。孔母颜征在携孔子移居曲阜阙里定居。孤儿寡母，家境贫寒。在母亲的教育下自幼好礼，"为儿嬉戏，常陈俎豆，设礼容"，演习礼仪。

14岁 孔子少年时代曾从事过各种劳动。曾说："吾少也贱，故多能鄙事。"

17岁 孔母颜征在卒。季氏宴请士一级贵族，孔子赴宴，被季氏家臣阳虎拒之门外。

19岁 娶宋女亓（qī）官氏为妻。

20岁 生子，因鲁昭公以鲤鱼赐孔子，故取名鲤，字伯鱼。任委吏（管仓库的小吏）。

21岁 改做乘田吏（管理牛羊畜牧的小吏）。

29岁 学琴于师襄子（一说为孔子27岁事）。

30岁 据《史记》载，孔子此时开始创办平民

教育，收徒讲学。在最早的弟子中，比较知名的有颜路（颜回的父亲）、曾点（曾参的父亲）、子路等人。

34岁 孟僖子将死，嘱其二子孟懿子与南宫敬叔向孔子学礼并拜孔子为师。适周都洛阳，观周朝文物制度，拜见了老聃与苌弘，学礼，学乐，收获极大，说："周监于二代（夏、商），郁郁乎文哉！吾从周。"

35岁 鲁昭公攻伐季孙氏兵败奔齐。因鲁乱带弟子适齐，路经泰山，遇一妇人哭诉亲人被虎咬死仍不愿离开此地时，发出"苛政猛于虎"的慨叹。

36岁 齐景公问政于孔子，欲以尼谿之田封孔子，但因晏婴阻挠，没有成功。孔子在齐，与齐太师语乐，听到《韶》乐（相传是舜时音乐）三月不知肉味，兴奋地说："不图为乐之至于斯也！"

37岁 齐大夫扬言欲害孔子，齐景公也说："吾老矣，弗能用也。"遂自齐返鲁。

45岁 邾隐公即位，将冠，使人问冠礼于孔子。

46岁 率孔鲤与部分弟子观鲁桓公庙宥坐之欹器，对孔鲤与弟子们说："吾闻宥坐之器者，虚则欹，中则正，满则覆"，"恶有满而不覆者哉！"

47岁 鲁国阳虎专鲁政，劝孔子出仕，孔子口头答应，但终不仕。退而修《诗》《书》《礼》、《乐》以教弟子。

50岁 公山不狃使人召孔子，孔子欲往，因子路反对而未成行。

51岁 任中都（今山东省汶上县西）宰，卓有政绩，治理一年，四方则之。

52岁 由中都宰升小司空，由小司空升大司寇，摄相事。夏，鲁与齐会于夹谷。以大司寇身份为鲁定公相礼。齐君敬畏，遂定盟约，并将侵占的郓、讙、龟阴等地归还鲁国以谢过。

53岁 为鲁大司寇，鲁国大治。

54岁 为了削弱私家以强公室，向鲁定公建议将堕三都。后半途而废。

55岁 去鲁适卫，开始了十四年访问诸侯列国的活动。十月去卫适陈。在匡地、蒲地被围困。

56岁 回到卫都，见卫灵公夫人南子，子路不悦；灵公与南子还让孔子为次乘招摇过市。

59岁 离卫西去，投奔晋国赵简子。临河而返，去卫如曹适宋。微服到郑国，后取道适陈。

60岁 孔子在陈。秋，鲁国季桓子病，死之前嘱其子季康子要召回孔子以相鲁。后来由于公之鱼的

阻拦，季康子改变了主意，派使改召弟子冉求。冉求将行，孔子说："鲁人召求，非小用之，将大用也。"

63岁 在陈蔡间被困，绝粮七日，弟子饥馁皆病，孔子依然讲诵，弦歌不止。

在路上连续遇到当时的一批隐士，如长沮、桀溺、荷蓧丈人和楚狂接舆等的嘲讽。

楚昭王欲重用孔子，使使奉币来聘，将以书社地七百里封孔子，由于楚令尹子西的阻拦，此议遂止。

64岁 孔门弟子多仕于卫，孔子返回卫国。

67岁 夫人亓官氏卒。

68岁 春，齐师伐鲁，弟子冉求为季氏将左师，与齐军战于鲁郊，克之。遂荐其师。季康子迎孔子归鲁。至此，孔子结束了访问列国诸侯十四年颠沛流离的生活。

鲁终不能用孔子，孔子亦不求仕，专心从事文献整理和教育事业，删《诗》、《书》，定《礼》、《乐》，修《春秋》，并继续聚徒授业，培育治国贤才，据史载："弟子盖三千焉，身通六艺者七十有二人。"

69岁 与鲁太师（乐官）论乐。孔子说："乐其可知也，始作翕如（热烈），纵之纯如（和谐），皦如（清晰），绎如（络绎不绝）也，以成。"孔子又说："吾自卫反鲁，然后乐正，《雅》《颂》各得其所。"

孔子之子孔鲤卒，年五十。

70岁 晚而喜《易》，"读《易》，韦编三绝。"

71岁 作《春秋》。春，管山林的人（虞人）在曲阜西边的"大野"打猎，捕获一只怪兽，据说是麟。孔子说："吾道穷矣！"于是绝笔，停止了修《春秋》。

颜回卒，年四十一。孔子哭之恸，曰："噫！天丧予！天丧予！"

72岁 卫有政变，弟子子路死于难，孔子恸甚。

73岁（公元前479年） 鲁哀公十六年夏历二月十一日，孔子寝疾七日而殁，葬于鲁城（今曲阜）北泗上。弟子为之守墓三年，临别而去，哭尽哀，或复留。唯子贡庐于墓凡六年，然后离去。弟子及鲁人往从墓而家者百有余室，因名孔里。故居改为庙堂，藏孔子平生衣冠琴书于堂中。自此以后，年年奉祀。